天

Borderless

下

天下，在乎正义和你

天
Borderless
下

法律
后面的
故事

梁治平——著

法律出版社 LAW PRESS · CHINA

作者简介

梁治平 生于“大跃进”之年，上学于“文革”之中，后入工厂习艺凡三年。1978年考入西南政法学院，从此以读书、教书、著书为务。喜读书，惜少时无书可观；书无缺，复觉时日短促，人生易逝。无大志，行事在可为可不为之间。贵独立，喜自在。默观天下，游戏书斋，不知老之将至。

小　引

现时代的法律，就像是工厂里生产的产品，有原材料，有加工者，有图纸，有生产指令，还有加工和组装的程序。最后，这些产品要向公众展示，并由一群专门人员来运用。和生产其他产品不同，生产法律的工厂，还有运用法律的机构，都不但是专门的，而且是排他的、垄断的。部分地因为这个原因，公众看到的只是成品，他们很少了解产品的制造过程，更不用说直接参与制作了。

在中国近30年来，法律产品大幅增加，法律制造工厂，以及运用法律的机构和人员，也比较以前大为改观。法律学者开始有机会进入生产环节，为制作和改进产品提供建议。基本上，我不属于这类专家，对参与此类工作亦无热情，因此，关于法律生产流程的各个环节，我没有直接的观察和经验。但是，让我自己也没有想到的是，机缘巧合，我居然被指派了一份工作，去参与两件国际公约的制定。虽然所扮演的角色微不足道，而且我也没有经历全程，但是因了这个机缘，我走进了法律制造的国际大工厂，参与了生产过程，目睹和亲历了一些隐身于法律后面的故事，并把它们记录下来。这几篇记录构成本书的一部分，本书的书名也因此而来。

以工厂作譬来讲法律制作或者是合宜的，但是法律的生产不是只有立法一途。司法也是法律生产的一种，尽管流俗的见解都认为，法官适用法条不过是贯彻立法者的意图，并无创造性可言。表面上看，法官把法条引入事实，不过是书本上法律的展示，但是这种基于理解、解释、区辨、论证、宣示等手段所作的展示，早已不是既定法律的简单再现。当法条离开书本，进入充满欲望的喧嚣世界，必定要创造出自己的故事。书中写到的几则案例，都涉及法律后面的故事，只不过，它们分属不同类型：名誉权案讲述的故事近乎诡异，法庭上展现的法律虽然大都凿有实据，但是其运用却极尽曲折，其含义要深入法庭幕后才能了解，而这需要有刨粪工的勇气和手段；“流浪法庭案”讲述的故事，用“荒谬”二字来形容最恰当，除了因为故事本身就悖于常理，更因为这故事展开的过程，不像前案那样野蛮原始，而是高度文明和理性化的；“洞穴奇案”是一个杜撰出来的故事，作者通过自由想象，向人们展示了法律后面的另一个场景，其中所涉及的，既不是赤裸裸的利益和权势，也不是极尽发达看似自足的专门制度，而是不同立场、视角、话语之下，心智的广度和深度，以及思辨的精细程度；至于虐猫案，还有两篇和狗有关的故事（其中一篇并不真的与狗有关），其引人注意之处，除了法庭之上的法律展演，更多的是隐藏在法律仪式后面的社会规范，以及促成这种规范的观念、思潮和行动。当然，我们也看到，生活中的观念、规范和行动不一定都支持正式的法律，它们在很多时候没有合法地位，有时甚至与国家法律适相冲突。如果把由此形成的秩序称为法律，今人可能大惑不解，但事实却是，在人类历史上的大多数时期，人们主要就生活在这种活的秩序和法律当中。这种法律不是工厂制造出来的产品，而是生活自身的产物，有自己的生命周期。尽管在今天的世界上，这种法律的地位远不如昔，而且通常不被人们视为法律，但它们仍然存在，而且其重要性不容忽视。

法律后面的故事形形色色，这本小书所述及的，不过是其中的几种；基于这些故事所作的区分，也终究是相对的。利益、情感、思虑、规范、制度、心灵、行动、秩序，还有其他要素，总是以不同方式连接交织，相互渗透和影响。重要的毋宁是这样一种认识：法律从来不像我们看到和以为的那样单纯、独立、客观、精确、严密和坚实。在其不偏不倚、客观而坚硬的外表之下，法律是多面的、复杂的、含混的、多变的，它深深植根于人类生活。要认识法律的真相，必须了解法律后面的故事。

法律后面的故事，其实就是法律的故事。只因为发生在“后面”，不易见、不易知、不易解，即使见到、知解，也可能不易言。当年参与国际公约谈判，在见识国际法律制造机器运作过程的同时，我对于本国法律工厂如何应对其事，以及国际公约如何进入本国法律体系，成为其中的一部分，也有切近的观察与记录，只是，这些故事，就不在这里讲述了。

目　录

“洞穴奇案”的法理学思考

5名山洞探险者在一次探险活动中，因为遭遇山崩被困洞中。营救行动随即开始，并且持续了数周时间，在此期间，被困者和营救者均面临生死考验。新的山崩持续不断，不但严重阻碍了营救行动，更造成10名营救者死亡，但这些都没有阻止营救的努力。终于，在探险者被困的第32天，营救行动获得成功。然而，人们在洞中只发现4名虚弱的幸存者，他们那位不幸的同伴，威特莫尔先生，没有能坚持到最后一刻。更不幸的是，威特莫尔先生并非死于意外、疾病或者饥饿。他是被以抽签方式选中和杀死，成为自己同伴的救命食粮。随之而来的，是一场令人无法忘怀的审判：4名幸存者被控犯有谋杀罪。

在长达 3 个月的法庭调查和辩论之后，4 名被告一审谋杀罪名成立，被判处绞刑。

这个离奇、悲惨、可怕的故事，发生在纽卡斯联邦共和国，时间是 4300 年。

不错，这只是一个虚构的故事。它很像是阿加莎·克里斯蒂笔下的某个场景，也可以铺衍成《罗生门》的另一个版本，不过，这个故事的杜撰者，朗·富勒（Lon L. Fuller），既不以文学家名世，也无意于小说创作。作为一位杰出的法学家，一名出色的教师，他在若干真实案例的基础上精心杜撰了这个故事，目的是要通过对这一案件的审理，展现法律、人类社会生活乃至人性的某种困境，以及人们——不仅是涉足本案的法官、律师和陪审团成员，也包括所有理性、富有同情心、同时对正义事业抱有热忱的普通公民——试图摆脱这一困境的种种努力。于是，在小说家谢幕的地方，法官们登场了。

本案一审判决虽然确定明白，但是毫无疑问，这是一桩令人痛苦难决的疑难案件。我们看到，在案件审理过程中，陪审团破例地请求只就本案事实作出判定，而把被告是否有罪——这原本是他们应当作出的判定——的问题留给法庭根据他们所判定的事实作出决定。这一不同寻常的姿态表明，陪审团在决定被告有罪与否的问题上面临巨大压力。事实上，当本案 4 名被告最后被定罪并被判绞刑之后，已经解散了的陪审团成员一起向首席行政长官陈情，请求将被告的刑罚减至 6 个月监禁。至于审理本案的法官，他只是根据纽卡斯国法律适用确定的刑罚，本无自由裁量余地，此时也向首席行政长官提出同样的请求。此刻，案件被提交到上诉法院 5 名法官案前。我们的故事这才开始。

第一位法官认为，在处理这一棘手案件时，陪审团和初审法官的做法明智而且公正，他甚至认为那也是法律所允许的唯一解决办法。《纽卡斯联邦法典》第 12 条 A 款的规定清楚明白：“任何故意剥夺他人生命的人都必须被判处死刑。”本案当然不能例外。然而，被告人的悲惨境遇确实令人同情，简单适用谋杀法律未免太过严苛。因此，这位法官建议自己的同事也效仿陪审团和初审法官的做法，在维持原判的同时，也向首席行政长官提出请愿，如此，则正义得以实现，法律的尊严也得到维护。

通过最高行政首脑介入的方式缓解法律的严苛，从而在个案当中保全正义，这在很多地方都是一种制度化的做法。但在另一位法官看来，法律不能实现正义，而要借助于行政干预，这无疑是法律的失职甚至失败。这位法官认为，就本案而言，遵循法律不会让人得出被告人犯有谋杀罪的结论。相反，如果按照法律的目的而不是字面规定断案，纽卡斯国的法律应当宣布他们无罪。比如，在纽卡斯国，自我防卫（可以理解为我们熟知的“正当防卫”）就是前引有关谋杀法律的一个例外，而这一例外之所以无悖于法律，正是因为它合乎法律条文的目的（而非其字面含义）。这位法官还大胆提出了另一个证明被告无罪的论证：案发时，本案被告实际是处于“自然状态”，而非“文明社会的状态”，这意味着，他们不再受纽卡斯国法律的管辖，而直接受所谓自然法支配。

这两项论证——自然法和法律目的论证——立即受到第三位

法官的反驳。在他看来，以自然法为依据甚为荒谬，而寻求法律目的的做法也很不可靠。他更援引一个因饥饿而偷窃面包者被判有罪的判例，指出饥饿不能够成为杀人的理由。但是最终，这位法官痛苦地承认，如果赞成有罪判决，又会显得十分荒谬。在法律与道德、理性与感性之间徘徊不定，使他最后宣布退出本案的审理程序。

最后两位法官的意见更是针锋相对。基恩法官表示，法官的职责就是忠实地适用法律，在这样做时，他必须根据法律条文的普通含义来解释法律，而把个人意愿、情感和正义观念置诸一旁。依据这样的原则，本案并无疑难之处。4 名被告确实"故意剥夺了威特莫尔的生命"，因此犯有谋杀罪。寻找法律目的的做法不可取，自我防卫之说也难成立，向最高行政长官陈情或者讨论被告人行为的是非善恶，更非法庭应当涉足的问题。汉迪法官也认为本案并无疑难可言，但他的结论却是：被告纯属无辜，被控罪名不成立，有罪判决必须撤销。他提出的理由是，法律为人服务才有意义。这是一个涉及人类智慧在现实生活中如何实践的问题，关乎民意和常识，而与抽象概念和理论无关。

5 位法官，2 位赞成一审判决，2 位反对，1 位宣布退出审理。两种意见相持不下的结果是，一审判决维持不变。4 名涉案被告将于 4300 年 4 月 2 日上午 6 时被执行绞刑。

富勒教授的讲述到此为止，但这故事尚未完结。

时隔 50 年，有一个独居西部荒野的老人被当地警方逮捕，并被控以谋杀罪。原来，当初探险者中的幸存者不是 4 名，而是 5

名。杀害威特莫尔先生并以之充饥，此人也有一份，只不过，他在被营救者发现之前就已逃离现场，而其他幸存者对他的存在又绝口不提，以至于无人知晓这一秘密，竟让他逍遥法外半个世纪。现在，人们旧案重提，鉴于纽卡斯国关于谋杀的法律规定与50年前并无二致，关于这个案件也没有新的事实，这名被告一审也被定以同样罪名。被告人不服判决，上诉至西部地区巡回上诉法院，该法院以50年前的旧案为先例，驳回了上诉。最后，案件提交最高法院。最高法院本可以拒绝审理此案，因为它在事实和法律两个方面都与50年前审结的案件完全相同，而当年的那个案件已经过充分审理，所有程序也已穷尽。但是，最高法院认为，上诉法院把前案当作一个有约束力的先例，是对先例性质和效力的误解，因为，当年上诉法院对案件的审理，并未形成有效的判决，因此也无法构成有约束力的先例。为了纠正这一误解，同时也是为了对围绕这一案件浮现出来的那些悬而未决的重大问题作进一步的探究，最高法院决定受理此案。

在富勒教授之后续写这一故事的是彼得·萨伯（Peter Suber）。萨氏晚生，在富勒生年未能亲炙教诲，但他却深得这位已故法学家的真传。他借最高法院9名大法官之口，道出当代各主要法学流派对该案所涉问题的思考。

比较50年前，当代法理学是否更加丰富、成熟和发达？这个问题很难回答。但有一点可以肯定，即本案带给人们的困扰并未稍减，围绕本案处理产生的意见分歧和激烈论辩，也丝毫不减当年。有些问题并无新意，但具根本性，始终挥之不去。比如，法官角色的定位，法律与道德的关系。最高法院首席法官伯纳姆在他的意见书中明白宣示，本案在道德上的“是”和法律上的“非”可以说简单明白，一目了然。但问题恰恰在于，对司法机关来说，法律与道德全然无关，法官的职责就是并且仅仅是忠实地适用法律，不受个人道德判断的影响。他还指出，辩护律师和一些出色的法律人反对有罪判决的各种意见，虽然带有法律色彩，其实均无法律依据。它们都源于个人的同情和道德观，而这些情感和见解无论怎样值得尊重，终究与法律无关，在法律面前没有权威性。一个与此相关的问题是所谓法官的自由裁量权。自由裁量究竟是不可避免的司法手段，还是一种可能导致法治崩坏的危险路径？法官们对此问题的看法正相反对。

另一些讨论涉及旧案细节，但在这里方才充分展开。比如，在最初的案件里，威特莫尔最先提出用抽签方式选出一人，牺牲其生命来保全他人，但他后来又改变初衷，撤回提议，并且拒绝参与抽签。那么，作为本案的被害人，他的同意与否对于我们认定加害人行为的性质，具有什么样的意义？而从加害人的方面看，行为人的主观意图又具有什么样的重要性？按照纽卡斯国的法律，在刑事案件中，犯罪意图的有无，对于判定罪与非罪至关重要。因为法律所要惩罚的，正是所谓犯罪意图。然而认定犯罪意图应当根据或者参照行为人的主观认识吗？如果是这样，一个强奸犯是不是可以其确信相关妇女并未坚拒之而免予定罪？进一步说，坚持犯罪意图之说有助于达成惩治和消除犯罪的目的吗？有关犯罪意图的讨论还涉及对法律的理解。法律所说的“故意”究竟是什么意思？在一些法官看来，被告人杀死威特莫尔的行为没有丝毫过失、疏忽或者无知成分，而是完完全全的“故意”，但在另一些法官看来，被告的行为固然是有意的，但根本不是法律上所说的故意，其不具有犯罪意图便是理据之一。

自我防卫和紧急避难（略同于我们法律上的紧急避险）是大法官们仔细讨论的另外两个概念。被告杀死威特莫尔的行为可以被视作自我防卫吗？如果是，侵害他们的对象是谁？是威特莫尔先生吗？假定被告们决定并且开始实施杀害行为时受害人奋起反抗，难道自我防卫不正是威特莫尔先生最有利的抗辩理由吗？那么，紧急避难呢？本案被告确实深陷险境，但是剥夺一个无辜者的生命是他们摆脱险境的唯一选择吗？而且，他们所面临的危险已经达到如此程度，以至于杀死自己的同伴已经变得刻不容缓？在讨论紧急避难概念时，塔利法官在免责事由和正当理由之间作了一种细致的区分。此前有人主张，紧急避难概念排除了犯罪意图，因此，本案被告们无罪。但是这位法官指出，这种论述错把原本是一种正当理由的紧急避难变成了一个免责事由。此二者的区别就在于，免责事由指向的行为是有害的或是法律所禁止的；而正当理由所涉及的行为，如果不是一种善，至少也是两害相权中的轻者。就本案而言，被告的杀人行为之所以不应被视为犯罪，不是因为它缺乏“故意”或者所谓“犯罪意图”，而是因为这种行为本身是正当的，为公共政策所支持。

说本案中的杀人行为具有正当理由并非不需要论证。自我防卫是正当的，因为它所针对的是某种非法侵犯，但在本案中没有侵犯者，而且加害人与受害人处于同等地位，他们的权利无分轩轾。是什么使得剥夺威特莫尔先生的生命以保全他人的行为是正当的呢？答案简单得近乎残酷：一命换多命是一项划算的“交易”。据说这种推理并非如人们以为的那样冷酷无情。假定牺牲一个人是为了拯救一百万人，我们会感到迟疑吗？如果我们能接受一百万比一的比例，为什么不能在较小比例的情况下接受同样的原则呢？然而，在一个权利论者眼中，这种功利主义的论证根本站不住脚。

特朗派特法官坚称，任何牺牲都必须是自愿的，否则就是侵犯了法律所确认的生命平等和神圣尊严。在他看来，本案与紧急避难或者自我防卫均无关系，这是一个有关平等的案件。如果没有人主动牺牲，谁也没有权利去杀害不愿牺牲的人。这既是法律的规定，也是道德的要求。因此可以说，本案被告在法律上和道德上都是有罪的。塔利法官的谬误在于，他把生命看成只具有有限的价值，因此认为牺牲一个人去挽救五条生命是划算的。但是如果我们所面对的情况不是五比一，而是五比四；不是一百万比一，而是一百万比九十九万，我们的直觉还会觉得这是一项划算的交易吗？

在某些方面，这一论辩又把人们引回到法律与道德以及法官角色的老问题上。戈德法官，一位同样赞成有罪判决的女法官就指出，特朗派特法官所谈论的是自然法、神圣的道德或道德原理，而不是纽卡斯国的实证法。但她同时又主张，法律与情感、文化不应截然分离。另一位女法官海伦支持无罪判决，她的意见具有女性主义色彩。她说沃尔金案的判决(前面提到的把因饥饿而偷面包者定罪的判决)是错误的,因为它反映了法院和刑事司法体制的“阶级偏见”。然而这一批评本身又被其他法官指为意识形态的。而让法律受意识形态左右,其结果只能是法治的败坏。

饶有意味的是,这起案件的审理结果,竟然与50年前一般无二:9名大法官,赞同有罪判决的4人,反对者4人,1人请求回避。初审法院的判决因此得以维持。据此,4350年4月3日上午6时,本案被告将被执行绞刑。这个也许是令人遗憾的结局留给人们无尽的思索。

虽然作者一开始就告诫人们不要对号入座,但我们还是可以从上面极尽简化的故事介绍中窥见半个世纪以来活跃在美国法学界的各种人物和思想的面貌。此外,对于外国人来说,这本书也是对美国法律制度和法律文化的极好展示。无论审判方式、上诉制度,还是联邦最高法院大法官撰写的法律意见书,或者那种通过真实和假设案例展开推理和论辩,进而探究法意的教学法,都极具美国特色。就此而言,把《洞穴奇案》当作一本了解美国法理学思想和美国法律文化的佳作也未尝不可。不过,读者如果停留于此,把本书看成是一种知识性读物,那就大大低估了它的价值,也辜负了作者的苦心。不夸张地说,这是一本思想性的书,是具有原创性的法理学思考。尽管用作思考背景的案件是虚构的,法官意见也出于杜撰,但作者提出和思考的一系列问题,却真实而且意义重大。

通过法律实现正义,是古往今来许多人秉持的信念和理想。然而,这从来不是一个简单和容易实现的理想。在洞穴探险者案中，我们看到，案情并不复杂，法律规定更是简单明了。但就是对这样一个案件的处理，正反两种意见竟然势均力敌，而且 14 份法官意见，没有一份雷同。当然，这部分是因为作者有意展示法理学思考的多样性，但这种虽具戏剧性却不乏真实性的手法，却也再好不过地展现了人类生活的复杂性，以及在力图调和价值冲突、回应正义诉求时法律所面对的种种困境。首先，本案所涉事实看上去简单，其实可能暗藏玄机，比如关于犯罪意图的认定，或者关于被告实施杀人行为时其所处境况的危急程度的判定；其次，纽卡斯国关于谋杀的法律规定看上去明白无误，但就是这一规定也包含了巨大的不确定性，否则大法官们就不会围绕其中的“故意”一词展开激辩；最后，这些事实和法律之所以成为问题，固然是因为社会情态万变，人类的语词、概念和规则不足以对，同时也是因为，特定的案情激发起人们强烈的怜悯、同情、嫌恶等情感，因为人们的正义观本身就存在歧异。当然，没有一个法官愿意承认自己是基于个人情感或者一己道德理想和正义观念作出裁判。他（她）们都宣称自己忠实于法律，他（她）们也都通过法律推理，援引法条和先例得出结论。但如果法官们都是机器，而非一个个血肉之躯，他（她）对同一案件的看法为什么会有如此大的分歧？退一步说，如果法官持守客观中立的主张在理论上必要，在实际上可能，那么，普通民众却无须隐瞒自己的是非好恶。这时，法律对于舆情又当如何回应？如果说，法律自治的主张在现代社会有其合理性和必要性，那么，过度的职业化和精英化也可能使法律脱离生活世界，逐渐丧失其活力。

上面提到的这些当然不是法律难题的全部，也不一定是法律难题的核心，但有一点不容忽视，即对于所有这些问题，都不存在现成的或一劳永逸的答案。只要生活在继续，人们就必须就这些和其他类似问题不断地提问和思考。

有些人可能从上面的讨论中得出某种怀疑主义的结论，但至少富勒不是一个怀疑主义者，他也不会想教导其他人成为怀疑主义者。凡是读过《法律的道德性》的人都不会怀疑这一点。富勒在洞穴探险者案中所运用的，也是萨伯在《洞穴奇案》一书中承继的，是一种真正的苏格拉底式的教学法，一种对话的和开放的思考方法。两轮上诉审论辩结果相同，5 名被告先后就死。这或者间接表明了两位作者关于本案的某种接近底线的看法，但是比这远为重要的是，这样的结局揭示出人类法律的特质和限度：至少在此类疑难案件中，确定性的判决虽然不可缺少，但却没有最后的答案。因为没有答案，或至少是没有标准答案，所以人们必须不断地提问、思考和论证。

自然，我们并非每天都面对洞穴探险者案那类离奇案件，我们置身其中的政治和法律的制度、文化，与富勒和萨伯描述的也可能大异其趣，但这些并不能阻止我们从他们的论述中获得极富现实意义的教益。毕竟，人性的智愚明暗到处可见，人类生活也并非隔绝不通。随便举几个我们身边的真实案例：李丽云案、许霆案、梁丽案、邓玉娇案。这些案件之所以引起人们的关注和热议，都是因为事关正义、法律和我们的道德情感。因此，尽管这里没有陪审团式的审判，更见不到上诉法院精彩纷呈的法官意见，严谨的法律推理，公开的理性论辩，开放的对话，以及对正义的不断探求，却是必不可少的。保有这些品性和能力，我们虽不能轻易达致正义，但接近正义的希望总不至湮灭于黑暗之中。

（[美]彼得·萨伯：《洞穴奇案》，陈福永、张世泰译，生活·读书·新知三联书店2009年版）

什么是非物质文化遗产？

自10年前，离开中国人民大学法律系，来到中国艺术研究院，我的“身份”就成了一个问题。首先，很少人知道中国艺术研究院，当然，知道我所在的中国文化研究所的人更少。“这是民办的吧？”接下来的问题是：“你改行了？”经常要回答这类问题自然令人厌烦，但有时却不得不回答。1996年被邀请参加在日本举行的第一届亚洲法理学研讨会，出国材料报送文化部，主管副部长显然对被邀请人的资格有点拿不准，“我们部里有这样的人才吗？”两年后在北京的美国领事馆，签证官听我说访美是去“做法律研究”，问得更直截了当：“那你在这个艺术研究院做什么？”我必须承认，虽然我待在这儿就像鱼儿在水里一样自在，但在一个分工细密和讲求专业化的社会里，这种情形毕竟不是常态。因此，人们有理由对我的“身份”感到疑惑。

2001年5、6月间某日，忽然接到院里电话，事由是联合国教科文组织正在组织起草一项关于非物质文化遗产保护的国际公约，中国将选派代表参加其中，文化部向艺术研究院征求专家，院里认为我的情况比较适合，故要求即刻提供中英文简历报部。我对此项工作既不了解也无兴趣，但是身为研究院的一员，而且是从未直接为集体作出过贡献的一员，似乎不便对此类要求断然拒绝，况且事在未定之数，所以便遵命传上一纸简历。部里的反应自然又是惊奇，但这次完全是正面的：“咦，你们院怎么会藏着这样的人才？”于是，我“不幸”被“发现”了。

9月中，就在我以为事情已经过去了的时候，部里的电话又来了。有关公约草案的第一次政府间专家会议将于9月23日至27日在巴黎的联合国教科文组织总部举行，中国决定派专家与会。这个专家就是我。

印象中，公家事通常来得急，涉及外事更是十万火急，这次也不例外。快递送来了会议材料，我有大约一周时间研究这些材料并写出专家报告。主要材料有两份，一份是公约草案本身，另一份是教科文组织总干事要向下一年的大会即第三十二届会议提交的有关该公约制定情况的初步报告。读过这两份文件和其他相关材料，事情的轮廓就慢慢显现出来。

联合国教科文组织成立伊始，就把保护世界文化遗产视为己任，40多年里先后制定了4部有关文化遗产保护的公约，其中，国人比较熟悉的应当是1972年的《保护世界文化和自然遗产公约》，因为中国不但签署了这一公约，而且有数十个项目被成功申报和列入“世界文化和自然遗产名录”。不过，教科文组织对世界文化遗产的保护也有不足之处，那就是，它制定准则的活动都集中于“物质”文化遗产的保护方面，而对“非物质”文化遗产并未提供同样的保护措施。1973年，就在《保护世界文化和自然遗产公约》通过之后的第二年，玻利维亚政府向教科文组织总干事进言，建议对民间艺术的保存、促进和传播作出规定。自那以后，教科文组织为推动世界非物质文化遗产的保护进行了长期的努力，而在它采取的一系列措施里面，应当特别提到的有两项。

一项是教科文组织大会于1989年通过的《保护传统文化与民俗建议书》；另一项是该组织1997年大会决定实施的名为“人类口头及非物质文化遗产代表作公告”的项目。前者是教科文组织制定的第一个保护世界非物质文化遗产的国际准则，也是目前这一领域里仅有的一部法律文件。不过，由于这个文件实际上只是一部所谓“软法”（soft law），对成员国缺乏约束力，故其影响十分有限。相比之下，“公告”项目因为有多数成员国的响应和参与，进行得十分顺利，而且有声有色。

2001年，经过一系列申报和评审程序之后，教科文组织总干事宣布了第一批人类口头和非物质文化遗产代表作名单，其中有中国申报的昆曲、日本申报的能乐、意大利申报的西西里木偶剧、玻利维亚申报的欧如诺狂欢节、摩洛哥申报的加玛广场文化空间、韩国申报的皇家古代礼仪和礼乐及其他国家申报的语言、舞蹈、音乐、仪式等共 19 种。这些申报活动，因为有政府主导和媒体介入，往往声势浩大、影响广泛，其意义超出单纯的申报活动远甚。顺便说一句，中国国内具体负责组织申报的机构，正是文化部下属的中国艺术研究院。

以上两项措施固然重要，但仍不能满足非物质文化遗产保护方面的要求，最主要的问题是，迄今为止，一直没有一部对教科文组织成员国有约束力的国际法来规范非物质文化遗产保护活动。人们认为，在保护“物质”文化遗产方面有 1972 年的《保护世界文化和自然遗产公约》，现在，在保护“非物质”文化遗产方面也应当有一部类似的法律。于是就有了《保护非物质文化遗产国际公约》之议。

正式决定制定一个国际公约来规范与非物质文化遗产有关的保护工作，是在 2001 年的大会即第三十一届会议上。之后，公约起草工作进展迅速，2002 年 6 月，公约草案第一稿完成，9 月的第一次政府间专家会议就是要对这个草案第一稿详加讨论。

摆在我案头的草案第一稿共 8 章 38 条，外加一个“序言”。其篇目结构和正文中的许多内容，如相关机构之组成、任期、职责，有关“基金”之设立与使用，缔约国之权利义务，“国际援助”之条件与安排等，多与 1972 年的《保护世界文化和自然遗产公约》相同，可以说，这个公约草案完全是以前者为蓝本写成的。不过，“非物质”文化遗产与“物质”文化遗产毕竟不同，在我看来，而这种不同当中最重要的一点，便在于前者是当下的、活生生的，且与特定人群的生存方式密切相关；它虽然“无形”，却有自己的声音，有自己的意志和欲望；它不会因为风雨的侵蚀而改变，但在社会变迁和自然灾变面前却可能脆弱不堪。因此，对所谓“非物质”文化遗产的辨识、确认和保护，将涉及一系列社会问题、文化问题、心理问题甚至利益冲突和政治问题，远较保护“物质”文化遗产所涉问题复杂、微妙和困难。说到底，强调“非物质”文化遗产保护所依据的，是基于平等和多元理念的“文化多样性”这一备受推重的当代社会价值，而这一价值本身正包含了许多互相冲突的利益和诉求，有许多仍待解决的棘手问题。

本来，我这个“艺术研究院研究员”并不研究艺术，身为法律学者，我的研究同国际法也相去甚远。不过，这部有关“非物质文化遗产”的公约所涉及的，并不只是某些有灭绝之虞的艺术形式，如昆曲、能乐或者某种非洲音乐，而是体现于文化多样性中的人类创造力，是平等和互相尊重。换言之，它所涉及的并非狭义的艺术和法律，而是广义的文化、社会实践和某些基本的人类价值。这一点从公约草案所附的词汇表就可以看出。这是由一个专家小组为公约起草厘定的词汇表，它包括 33 个术语，分系于文化（Culture）、社群（Community）、社会实践（Social practice）、能动主体（Agency）、保护（Safeguarding）5 大类之下，而在这个小组的 6 名专家当中，5 名是人类学家。我对于民间秩序、社会组织、地方性知识以及社会的多元性和文化多样性等问题素来关注，对相关学科和学术传统如哲学、人类学、文化研究等也时常注意，因此，研读公约草案对我来说就不算是一件苦差，倒是一件常常能激发所学所思的事情。这一点也是出乎意料之外。

公约草案中最能够表明“非物质文化遗产”保护之性质的，是第二章的第2条，这一条共包含三款，其内容如下：

> 1. 在本公约中，“非物质文化遗产”指被群体和个人视为其非物质文化遗产的各种实践和表现形式（包括必要的知识、技能、工具、实物、工艺品和场地），而且须与普遍接受的人权、平等、可持续性及文化群体之间相互尊重等原则相一致。各群体为适应其生存环境和历史条件不断使这种非物质文化遗产得到创新，同时使他们自己具有一种历史感和认同感，从而促进了文化多样性和人类的创造力。
>
> 2. 按上述第一段的定义，“非物质文化遗产”包括（参见附件）：
>
> a）[各种形式的]口头表述；
>
> b）表演艺术；
>
> c）社会风俗、礼仪、节庆；和
>
> d）有关自然界的知识和实践。
>
> 3. “保护”指采取措施，确保非物质文化遗产的生命力，包括这种遗产的确认、立档、保护、弘扬、传承和复兴。

这个条款首先引起我注意的，便是它包含“人权”字样的限定语，它表明了“非物质文化遗产”保护的特殊性，即文化习俗、社会实践辄具有道德意蕴，其存废继绝也因此应当从道德上加以考虑。抛开实践的复杂性不论，仅从理论上看，该限定语中列举的原则是否足够恰当和充分，是一个应当考虑的问题。

论列“非物质文化遗产”范围的第2款同样值得注意。草案“附件”以枚举细目的方式专门对该款列举的类别加以说明，它们主要集中在第3项和第4项两项，包括各种社会风俗和仪式，如出生、婚配和丧葬仪式，确定身份和长幼尊卑的仪式，也包括各种有关自然界的知识和实践，如时空的观念，药典和治疗方法，预言与神谕，有关自然和环境保护的具有神秘色彩的、预言式的和宗教方面的信仰和实践等。很显然，“非物质文化遗产”的范围远不只限于一般所谓文学艺术。认识到这一点，我们需要调整和改变的，就恐怕不只是具体的保护措施和计划，而且是原有的指导思想，是正统的意识形态。

最后应当指出的一点是，对某种“文化”(Culture)和“社会实践”(Social practice)的保护，说到底是对其创造者和承担者(Agency)的尊重和保护，是对他们自主决定其生活方式和命运的自由和尊严的维护。因此，虽然在“非物质文化遗产”保护过程中政府要起主导作用，但事情不能只由政府说了算。非政府组织、尤其是作为“当事人”的地方社群和文化群体(Community)的参与不可或缺。实际上，后面这一条正是贯穿于公约草案的一项原则。我意识到，如果认真按照这项公约的要求行事，我们所看到的，就不只是这种或者那种文化遗产得到更多重视、支持和保护，而且会有一个涉及观念和制度的意味深长的社会变迁。

9月下旬的巴黎已经有几分凉意，在阴雨的早晨出门，感觉像是北京的深秋。我和文化部一位官员在会议开始前一天的傍晚到达，下榻在离教科文总部不远的一家小旅馆。我们住的地方差不多正对着有着金色穹顶的拿破仑陵，每天开会也总要经过那里，不过这次却没有机会进去游览一番，倒不是因为我曾在几年前造访过那里，而是因为大会议程安排得太满，让人既无时间也无游兴。

的确，这是我参加过的时间最长、安排最密的大会，不仅如此，这也是我参加过的最特别的会议。一百多个成员国的代表，加上一些非成员国派出的观察员和国际组织、非政府组织的代表，约有三百人之众。我还从未在其他任何地方与如此众多民族和国家的人民共聚一堂。在这里，你可以直接感知文化多样性一事。不过，我也必须承认，我始终不习惯坐在写着 Chine 字样的牌子后面，开口闭口要说"我的代表团"如何如何，甚至整天系着领带也被我视为负担。说到底，我在心理上并不适应分派给我的角色。尽管如此，听各国代表陈词、观察大会进程、看会场风云变幻，仍不失为一件有趣的事情。

第一天的会议就让我学到不少东西。

大会开始前见到中国驻教科文组织大使，了解了两件事情：第一，在制定公约问题上，发达国家与发展中国家意见相左，态度消极。中国政府自然与发展中国家站在一起，对公约制定采取乐观其成的态度。第二，关于大会主席，教科文组织方面属意的人选，是当初主持公约起草小组的阿尔及利亚的 M.Mohammed Bedjaoui 先生，发达国家当另推人选，因此届时可能会有一番竞争。自然，这种事情总会先在会下协调，但是无论如何，中国会支持教科文组织提出的人选。

大会开幕推迟了大约半小时，后来知道是因为协调大会主席人选所致。不过，协调活动非常奏效。Bedjaoui 先生顺利当选。出人意料的是，接下来的关于大会议程的讨论迅速地演变成一场舌战。英国代表首先发难，法国、德国、丹麦、澳大利亚、加拿大等国则起而响应，其批评不仅针对议程内容本身，而且及于暂定议程表上的英、法文对照，已近于吹毛求疵，而最重要的一项动议是要求把原定对公约草案第一稿的讨论，变成对是否需要制定这样一部国际法律文件的讨论。可以想象，这种努力遭到主要是发展中国家的强烈反对。激辩持续到下午，最后是以通过主席先生提出的折中方案告一段落。

折中方案主要修改了原来议程的第 7 项和第 10 项两项。前一项修改把原来是对公约草案全文的讨论限定在对公约“范围”的讨论上，后一项修改则把“对公约草案的认可”变成一个全然中性的表述：本次会议的工作结果。换句话说，接下来的几天会议将集中讨论上面提到的公约草案第 2 条，讨论结果则在所不问。应当说，新的议程比旧的表述更明确，条目更清晰，而且，考虑到已经存在的分歧，目标也更合理。

当初，大会议程就附在公约草案和其他相关文件里，但我的注意力完全被公约草案的文本所吸引，而忽略了这张只有一页纸的内容简单的“暂定议程”。这固然是因为当时我对公约制定的背景一无所知，对“外交场合斗争的复杂性”估计不足，况且时间紧迫，不容仔细处理所有材料。但是最根本的，恐怕还是因为这一纸议程没有真正引起我的重视。我自己也曾分析和批评过中国人重实体而轻程序的倾向，但在个人经验里，我对程序重要性的认识恐怕还不能说充分。

第二天的会议进入对实体问题的讨论，核心是公约草案第 2 条。涉及的问题包括“非物质文化遗产”保护的范围、模式，“非物质文化遗产”的性质和定义，术语及措辞方式，“物质文化遗产”与“非物质文化遗产”的关系，公约与其他国际法文件的关系，政府与非政府组织的关系，等等。一些代表认为，[非物质文化遗产的]“复兴”（revitalization）是一个不恰当甚至危险的表述，这又引出对保护标准和条件等问题的讨论；有代表指出“非物质文化遗产”保护的特殊性，认为 1972 年的《保护世界文化和自然遗产公约》不是一个恰当的模式；又有人认为第 2 条第 2 款列举“非物质文化遗产”的方式不恰当；有人建议把“语言”加入保护范围；也有代表主张用“空间”（space）的概念取代“地方”（place）概念。在各种各样的意见、主张、陈述、建议、问题、质疑和论辩当中，可以明显分辨出大致以发达国家为一方和以发展中国家为另一方的两种立场和态度。

坦白说，一些发达国家在制定公约问题上的态度从一开始就让我感到不解。因为在保护文化多样性方面，这些国家可说是先进者，不但相关理论、思潮和运动多源出其中，而且他们在这方面制度化的程度也相当高。显然，说这些国家反对文化多样性或者对“非物质文化遗产”的保护没有兴趣，那是没有根据的。最初，我以为造成分歧的原因主要是经济的。根据公约，届时将设立“非物质文化遗产基金”，各缔约国均需缴纳一定费用，用以援助需要帮助的国家。可以想见，发展中国家可能从中获益更多。但后来我发现，即使有经济上的考虑，那也不是唯一的原因。在同一些代表的私下交谈中，我了解到至少另外三种考虑。首先，眼前这部公约仿照1972年公约设立“名录”制度，这种办法被认为不妥。其次，公约可能被人滥用。最后，公约条款、措辞缺乏法律的严格性。

这几项批评，尤其是其中第2项，可以部分地解释一些发达国家的疑虑。所谓滥用问题，虽然是政府的一面之词，却也表明一些个人和组织可能利用公约向政府施压的事实。在法治程度较高的社会，政府受法律（自然也包括国际法）的约束也相对地严格，而在民间社会相对发达的地方，国际法也往往是非政府组织借以影响政府政策的重要手段。这些无疑会让一国政府在考虑是否接受一部国际公约时表现出更多谨慎。

对“名录”制度的批评，与上面提到的“模式”问题有关。如前所述，“非物质文化遗产”保护涉及的不是确定、有形但无生命的物，如山川或者建筑，而是活的传统，是一些特定人群和他们所创造和实践着的生活方式。用在保护“文化与自然遗产”时采用的办法，根据某种人为的标准对之加以甄别，然后列入名录，这样做究竟是否恰当？其结果会不会有违初衷？这些问题其实值得认真考虑。可惜，大会讨论只是涉及但没有深入这些复杂和微妙的问题。

大会第4天的下午，一份经过整理的针对公约草案第2条（含附录）的意见稿终于摆到了各国代表的案头。所有的建议都用黑体字排在相关条文之后，并注明提出建议的国家。一共有10个国家的将近40条建议，涉及该条款的语气、措辞、内容、范围、定义和原则等方面。提出修改意见最多的是法国、意大利、阿联酋、乌干达、巴西、玻利维亚等国，而英国、澳大利亚、加拿大这些在发言中对公约质疑最多的国家则没有表示意见。这很容易理解，因为修改都是在公约框架内进行的。

意见稿中也列出了中国代表团的建议。我们建议在第1款有关人权的限定语中加入“尊重自然与非人类生命的完整性”（and respect for the integrity of nature and non human life）一语。考虑到“非物质文化遗产”的性质，这一建议的相关性是显而易见的，而着眼于过去一百年来环境运动对于人类伦理思想的深刻影响，以及现实世界中道德共同体疆域的扩展，其必要性也是不容否认的。我知道，类似建议很可能是有争议的，但我为中国政府能够提出这样的建议感到骄傲。因为它不仅表明了中国积极参与国际事务的态度，而且显示出中国人对于人类责任的深切思考。在我看来，这才是真正的大国气度。

在大会的最后两天，日程问题变得更加紧迫，这时，主席的重要性也变得更加突出。他开始频繁地提醒代表们注意议事范围和时间表，他打断一些发言，宣布结束某些讨论，进入下一个议程，他甚至有一次几乎同一个坚持要继续发言的代表发生争执。不过，这位白发苍苍的Bedjaoui先生也着实不简单，他经验丰富，显然老于此道。部分因为他的技巧和努力，大会终于产生了积极的结果，尽管会议没有如他所希望的那样在第5天中午结束，而是延续到傍晚。最后一份文件是本次大会致教科文组织总干事的建议书。在经过另一轮辩论之后，大会同意在下一年早些时候重开讨论，继续这次的工作，并将新的公约草案提交教科文组织第三十二次大会讨论。

到此为止，这次政府间专家会议算是达到了预期的结果。这也是意料中事。虽然存在对立的主张，赞成制定公约的意见，因为有教科文组织推动，有多数国家尤其是发展中国家响应支持，始终占有明显优势。尽管如此，要真正取得建设性的成果，制定一部既合理有效又切实可行的保护非物质文化遗产的国际公约，显然需要更多时间，需要各国政府以及国际非政府组织之间进一步沟通、理解、妥协与合作。而要把公约转变成为有效的资源，切实推进各国各地区的“非物质文化遗产”保护事业，更可以说是前路漫漫。

2002年之末

北京万寿寺寓所

名词和情态动词之争

时隔数月，代表们又聚首巴黎，参加关于保护非物质文化遗产公约的第二次政府间专家会议。地点还是巴黎第六区的联合国教科文总部，景色却已经大变。冬天将将过去，春天尚未到来。Suffren 大道两旁的梧桐树，枝干如铁，就像教科文总部楼前排列成行的旗杆，光秃秃直指苍穹。

秘书处的工作卓有成效。他们用了不到5个月的时间，把各成员国代表们在上次大会期间以及后来提交的所有意见整理成册，其中的一册汇集了各成员国的陈述性意见，另一册则以注释方式将所有针对公约草案的具体意见逐条列于草案文本之下。翻到末一页，最后一个注号是第1352。这让我有点沮丧：不知该如何对付这么多的注释。不过，更多的还是好奇：意见如此纷杂，大会将如何进行？

根据大会主席 Bedjaoui 先生的建议，这次大会只讨论为数有限的几个条款：被视为核心条款的第 2 条和第 3 条，规定“委员会”制度的第 8~10 条，关于“名录”的第 11 条，涉及财政问题的第 15 条，以及，关于宗旨和一般原则的“序言”和第 1 条。Bedjaoui 先生的计划可行吗？在第一天大会结束之前，我便知道了答案。这一天有大约 60 名代表发言。虽然会议井然有序，代表们扣紧主题发言，既有效率又富于建设性，但大家没有在任一问题上获得共识，大会也没有在任一条款上取得进展。

对于这种结果，主席先生显然有所准备。在下午的会间休息之前，主席提出一项建议，要求每组选出 3 个代表团，组成一个新的起草委员会，负责相关条款的重新起草。教科文组织各成员国按地域分为 6 个组，其中除非洲另分为两个组之外，欧洲、北美、拉丁美洲和亚太地区各为一组。这样，起草委员会便有 18 个成员国的代表。亚太地区的代表是印度、中国和日本，印度代表更被选为起草委员会主席。

参加起草委员会真正是一件苦差。大会每天上午 9 点开始，傍晚 6 点半结束，起草委员会则在大会结束后开会，连续 4 天都折腾到晚上 10 点多，中间没有休息，“晚饭”则不过是一个三明治和一瓶矿泉水。长时间的会议和辩论，令人疲惫不堪。代表们发言提到别国代表时常冠以 distinguished（杰出的）一词。某晚挪威代表发言，开场白是“在我 extinguished（绝灭）之前”，利用谐音开了个玩笑。会议结束前，俄罗斯代表发言时面无表情、双目无神，果然是将要“绝灭”的样子，令在场者忍俊不禁。虽然艰难如此，起草委员会的工作仍极认真，而且也确实取得了一些进展。

起草委员会的工作是把大会的意见加以集中，讨论后形成新的意见，再拿到大会讨论通过。这是个折中的办法，既有合法性，又有助于具体方案的形成。后几天的大会辩论基本上为起草委员会提出的议题所支配，这可以表明其工作成功的方面。不过，在经过 6 天如此密集和每天都是马拉松式的讨论之后，一共只有 3 个半条款获得“通过”，又说明这种办法依然效率低下。事实上，如果不是会议组织者和主持者想方设法推动议程，而任由代表们自由论辩，就连这 3 个半条款的成绩也不可得。

“通过”的 3 个条款是第 1、2、3 条，那半个条款则是第 11 条的前半部分。原第 1 条为“宗旨和原则”，改为“宗旨”，其内容也由原来的 2 款 13 项大幅削减为 4 项，简明扼要。第 2 条“术语的使用”改为“定义”，使名实相符。这一条最关键，讨论也多。最后“通过”的版本，因为要折中各方意见，一面增加新的表述，一面又加以限定，以至于其篇幅较前增加不少。结果，“文化空间”(cultural space)取代了“场地”(place)；“群体”(communities)之外增加了“团体”(groups)和“个人”(individuals)；“[各种形式的]口头表述”([forms of]oral expression)变成了“口头传统和表述，包括作为非物质文化遗产媒质的语言”(oral traditions and expressions, including language as a vehicle of the intangible cultural heritage)；“自然”(nature)的概念被引入定义；“传统技艺”（traditional craftsmanship）则单独被列为非物质文化遗产的一项。在大会主席逐句重读并且最后“通过”定义条款之前，这些问题都经过长时间的（虽然不一定是充分的）讨论。比如该条第2款第5项增加的“传统技艺”一项，其表述究竟应当是“传统技艺和技能”（traditional craftsmanship and know how）还是“传统技艺”，就用了将近1小时才最后定案。

不过，比较起来，这个关键的第2条还不是真正的竞技场，真正激烈的争论发生在另外那1个半条款，而所争论的不过是些“情态动词”。

第3条讲各缔约国在保护本国非物质文化遗产方面的角色，其中涉及国家与相关群体、非政府组织等的关系。保护非物质文化遗产，相关群体、个人和组织的参与甚为重要，大家对这一点并无异议，然而国家在这方面的责任究竟是什么：法律义务？道德义务？或者干脆无所谓义务，全由国家看着办？这些问题让各方争论不休。反映在措辞上，便是［国家］“可以”（may）、“应当”（should），还是“必须”（shall）鼓励有关群体和非政府组织的参加。这场“情态动词”之争从起草委员会延续到大会，争执不下，最后主席先生提了两个解决方案：避开情态动词，或者用动词的一般现在时，把“鼓励”（encourages）一词变成单纯的叙述，或者改用介词with，把可能加于国家的义务变成一种伴随性状态。主席先生圆熟的外交技巧赢得一片敬佩和赞扬之辞。讨论结果，大家接受了第二个解决方案。于是这一条就变成了“应由各缔约国在各群体、团体以及相关非政府组织［和民间社会代表］的参与下确定和界定其领土上之非物质文化遗产的各种要素”。与旧条款相比，新的第 3 条还增加了“团体”（groups）和置于方括号中的“民间社会代表”（representatives of civil society）两项内容。相应地，原来这一条的标题“缔约国的特权”也改成“缔约国在确定和界定非物质文化遗产中的角色”。

情态动词之争也出现在有关名录制度的第 11 条。这一条包含 A、B、C 三个部分，第一部分规定，为确保对非物质文化遗产的确认和保护，各缔约国必须（shall）制作国内非物质文化遗产清单，这份清单必须尽可能完备并且定期更新。德国代表提出，不应对缔约国加以这类强制性义务，因为这样一个清单可能非常庞大，应当审慎行事，让缔约国根据各自情况决定清单制作事宜。此议一出，立即引来激烈争论。附和者强调这一任务应有弹性，反对对国家的强迫。反对者则认为，制作清单是国际合作的基础，当然应具强制性，况且公约如无义务加于国家则何用？

这场争论隐含了一个问题，即国家权威问题。在有关第 3 条的讨论中这个问题已经出现，只不过它在那里表现为国家与所谓民间社会的关系，而在这里，国家所面对的不再是国内的某个群体或组织，而是国际社会和国际组织。第 11 条的第二部分涉及亟须保护的非物质文化遗产，其中规定了一个国际性委员会在确定亟须保护的非物质文化遗产名单方面的职权，更将国家权威面临的挑战暴露无遗。

这个部分的规定分作三层：第一，为提供有效保护，该委员会必须要建立和不断更新一份亟须保护的非物质文化遗产名单；第二，此一名单必须仅仅包括根据该委员会之标准认为受到严重而且特定危险威胁之非物质文化遗产；第三，倘有紧急之需，该委员会可以在任何时候对亟须保护的非物质文化遗产名单予以增补并予公布。问题来了。委员会设立亟须保护的非物质文化遗产名单，需要应各相关国家之请，还是不管各缔约国怎么想而独自决定？委员会确定的名单应当是在各缔约国提供的清单之内还是可以超出其外？倘若委员会认为情况紧急而欲对名单予以增补和公布，是应事先与所涉国家商议乃至征得其同意，还是可以自作主张，径予实行？

主张尊重国家权威的一方认为，无论委员会如何决定，应予保护的文化遗产毕竟是在特定国家领土和管辖之内，倘无各有关国家配合，亟须保护之文化遗产如何得到有效保护？况且没有国家愿意其权威受到限制，因此，不考虑有关国家意愿而实施保护的做法只会徒增冲突，而无益于事。对此，另一方回答说，如果以相关国家之同意为前提，而该相关国家出于某种原因对亟须保护之文化遗产不予申报，则本来就亟须保护的文化遗产岂非处于更大之危险当中？这正是1972年公约（《保护世界文化和自然遗产公约》）留给吾人之教训，这种错误不应再犯。这些发言所指的正是类似几年前发生在阿富汗的巴米扬大佛被毁事件。南非代表更指出，大多数国家均乐于看到自己国家的文化和自然遗产列入世界名录，但是涉及非物质文化遗产，情形便复杂得多，因此应在这一部分增加一条，规定委员会可以自行决定将一项非物质文化遗产列入亟须保护的名单，而无论这项遗产是否在相关国家制定的遗产清单之内或者是否符合世界非物质文化遗产宝藏的标准。

可以想见，这样的争论很难获得一致的结论。正如意大利代表所说，这既是一个逻辑问题，又是一个政治问题。逻辑讲求明晰和彻底，政治则讲究审慎和务实。结果，大家只好把有争议的部分放在括号里留给本届大会和下届大会的代表们去讨论。

第 11 条规定的名录制度，是激起争论的另一个焦点。

名录问题在上一次大会时即已提出。公约草案第 11 条仿照 1972 年公约，也设立了名录制度，此前已由教科文组织实施的代表作评选，实际上也是一种建立名录的尝试。然而，为保护非物质文化遗产问题而设立名录，此举是否明智和恰当，从一开始就有争议。在前次大会之后提交的意见中，阿根廷代表针对公约草案第 8 条至第 14 条提出了三个替代方案，其中，第一个方案是在草案原文基础上做了一番去芜存菁的工作，删节虽多，却不伤筋骨。第二方案则大刀阔斧，不但改变了原草案中委员会的名称和构成，而且取消了名录制度，而代之以“项目、计划或活动”（programs, projects or activities），换言之，由根据公约设立之委员会予以评选和表彰的，不再是这种或者那种形式的非物质文化遗产，而是各国各地区那些被认为最好地反映了本公约原则和目标的保护这些文化遗产的“项目、计划或活动”。

阿根廷的建议稿颇有吸引力，尤其是其第二方案，似乎得到不少代表的支持。争论的焦点是名录制度。最初，不设名录制度的意见甚强，主要理由是这种制度可能造成歧视，而有违保护文化多样性之旨。不过，随着讨论的深入，越来越多的意见又倾向于名录制度，尤其是，在国家一级建立尽可能完备的非物质文化遗产清单被认为是基本的和必要的。当然,建立任何一种清单或者名录的标准都应当力求客观,而不应造成歧视,这一点也是大会代表的共识。这项共识在后来围绕“名录”之名的激烈争论中表现得更加明显。

对“名录”问题最为敏感的国家似乎是日本。日本代表最先指出原草案中的“名录”同阿根廷建议稿中的“项目、计划或活动”之间的根本区别,而表示不能接受这种“偷梁换柱”的手法。紧接着,他们联络法国、意大利、荷兰等国,共同提出了一个关于“名录”的新条款,这就是上面说到的作为起草委员会和大会讨论底本的第 11 条。

如前所述,这个第 11 条有三个部分,除了上文已经讨论过的 A、B 两部分,最后一个部分即 C 名为“世界非物质文化遗产宝藏名录”(List of Treasures of the World Intangible Cultural Heritage)。为什么要设立三个名录?它们各自的功能是什么?它们之间的关系又是什么?在这次大会上,这些问题并没有得到充分的讨论,有些问题也不太可能被公开地讨论。大体上说,大家,尤其是发展中国家都认为,国家一级的文化遗产清单和在国际层面设立的亟须保护的文化遗产名单均甚必要。关于最后一种名录的设立,代表们尚未得到机会展开讨论,不过在最后一天,在大会之前的起草委员会会议上,一些关键性问题已露端倪。下面是当时部分代表主要意见的摘要:

> 阿根廷:建立“宝藏名录”的负面结果之一是过分集中资源,会因此而损害保护非物质文化遗产的主旨。而且,

“宝藏名录”所用标准也与评选“代表作”的不同，因此应考虑改变这一条的标题和具体表述。[提出新的表述]。

挪威：[阿根廷第二方案中的]“项目、计划或活动”的表述应予采纳。[以自己曾经参与这类活动的经验说明其对于保护非物质文化遗产的重要性和有效性]。

南非：[担心]名录可能吸收全部资源。[强调]代表作(masterpieces)与保存(preservation)并非一事，运用不当则“代表作”可能有碍“保存”，而“保存”才是根本。

墨西哥：[呼应挪威和南非的意见]。

日本：现条款 C 与阿根廷建议之新表述的区别在于，C 将代表作评选并入公约，阿根廷则建议分开。此事涉及将来建立之基金的使用，如果将“宝藏名录”与“代表作”评选分为二事，则日后代表作评选活动必将衰落，因此必须将代表作评选纳入公约。

法国：[最关注的]问题是资源的分配和使用。名录应当只是开端而非终结。根本的问题是“保护”(safegarding)，因此，名录问题应与规定国际援助的第 14 条一并考虑。

圣路西亚：赞同挪威和南非。C 条款之名录制完全照抄 1972 年公约，实为区分高下之“等级制”(hierarchy)。[表示]坚决反对。“突出价值”(outstanding value)的标准同样不可接受。名单就应搜罗完备。

尼日利亚：[怀疑 C 条款，认为不应为公约中心。完全支持A条款和B条款，对C条款持保留意见]。

阿根廷：根本问题是在资源[的分配和使用]，此问题待讨论。大会关注者三：各国非物质文化遗产清单，亟须保护的非物质文化遗产名单，和与非物质文化遗产保护密切相关的项目。三者之中应当如何分配资源？我们最关心的，不仅是将非物质文化遗产公诸世人（visibility），而且是卓有成效的保护机制。

日本：曾与参与代表作评选的评委交谈，根据其经验，评审活动影响巨大。令许多地方群体得以动员和参与。代表作评选在日本影响也甚大。因此，C条款不仅可以让文化遗产公之于世，而且也涉及保护机制。

南非：[建议把代表作的决定权交给各国，由国家而非国际组织评定]。

圣路西亚：代表作评选活动甚好，但不应纳入公约。与1972年公约的保护对象不同，非物质文化遗产涉及的是人，它给人以自豪感，能够激励人，不只是"公诸世人"的问题。

意大利：将非物质文化遗产"公诸世人"仍为首位。同意日本意见。

荷兰：财政问题是关键。应考虑多大比例的资金用于文化遗产清单、亟须保护的文化遗产名单和保护项目，排出先后。

尼日利亚：代表作评选应在公约之外，或如荷兰所建议的，限定资金。

正如许多国家的代表所强调的那样，资金的分配和使用乃是关键。代表作的评选或者“宝藏名录”虽然寓保护表彰之意，但是比较另外两项措施和阿根廷所建议的“项目、计划或活动”，更像是锦上添花，而无雪中送炭的急迫性。问题是，发达富有之国既有相对完善的文化遗产保护机制，又无资金匮乏之虞，不大可能将本国文化遗产列入亟须保护之列，也没有理由在制定国内非物质文化遗产清单时要求国际援助。因此，如果再没有其他展示其文化遗产的机会，令其出资和参与保护的激励便大大降低。因此，平衡不同国家的利益，也考虑到教科文组织评选代表作的既定政策，三种名录并设的做法大约不可避免。在此情形之下，资金分配的比例和使用的先后仍为焦点，将能决定三种名录并设的实际意义，并对保护机制发生作用。只是在本次大会上，资金问题尚未得到讨论，而关于这第 11 条的辩论，费时最多也最激烈的，除上面提到的“情态动词”之争外，便是关于“名录”之名了。

有关“名录”之名的争论初看近乎无聊。第 11 条中的三个名录，第一种选用英文词 inventry（清单），这一点大家都满意。后面两种的表述均采用“list”一词，结果便有争议。有人提出，亟须保护的文化遗产一项应当选用 register（名单）而非 list。这种意见得到不少积极回应，但仍有人坚持用 list 而不是 register。这一场争论在起草委员会未得到解决，又移到大会。最后几乎变成逐一表态。有代表开始不耐烦，问当日代理大会主席的意大利代表，国际法教授 Scovazzi 先生，inventry、register 和 list 这三个词法律上的含义究竟有什么不同。教授的回答是没有什么不同。但是希腊代表说，它们的实际含义却有不同。的确，就汉语而言，与另外两个词相比较，“名录”一词更容易让人想到排名，甚至“名录”本身就是一种排名。比如有省一级的“名录”，有国家一级“名录”，还有世界级“名录”。一登名录，身价倍增。这确实有违文化多样性之旨。实际上，“名录”之名所以成为争论焦点，也正是为此。

从汉语翻译的角度看，可以把 inventry 译成清单，不仅因为这样译于“典”有据，而且因为这种译法很能够表明这种制度的性质，即一国之内非物质文化遗产的尽可能完整的目录。然而，要在 register 和 list 之间强作区分，把前者译成名单，后者译成名录，则不免有些勉强。不过，因为上面提到的原因，如果有一个词能够有别于“名录”（尽管这是一个“翻译”问题），那还是值得欢迎的。

最后可以提到的一个词是“通过”（adopting）。这个词只涉程序，不及实体，却险些掀起一场倾覆航船的风暴。第 5 天上午，大会主席提请大会“通过”由起草委员会提出的经过修订的条款。荷兰代表反对，要求先将这些条款交各国代表团审议；德国代表则指出，大会程序中只有起草委员会向大会陈述其讨论结果一项，并无“通过”程序；沉默已久的英国代表要求大会法律顾问出来说明。澳大利亚代表起而响应，并说大会第一次看到这些文件，不可终审通过。法律顾问不在会场，而且一时不知去向。有代表对此表示不满。一时间气氛紧张。主席先生颇为尴尬，只能解释说，[我们] 从未说“终审通过”，这只是暂时讨论通过，以便将结果推荐给总干事。有人开始对这场混战不耐烦。埃及代表和多米尼加代表都说：让我们继续吧，不要浪费时间！有人鼓掌。这时法律顾问来到会场，面无表情地引了一串文件的名称和编号。大会再度进行是在 40 分钟以后。

这并不是会议期间发生的唯一一次波折，但却是最严重的一次。不过，真正令我感受内心震动的并非这种紧张激烈的场面，而是关于定义的第 2 条“通过”之前那位并非代表但是担任代表作评委的美国人类学家 Richard Kurin 的发言。

Kurin 的矛头直指定义条款中的道德规定。依此道德要求，他说，世上非物质文化遗产怕有 90% 不能够得到承认。公约承认的非物质文化遗产必须与人权、可持续性、平等、正义和相互尊重相一致，这种要求不仅过分而且导致逻辑上和实践中的不一致。比如公约要保护濒危传统，但是濒危传统恰好是那些依其现有方式不可持续者，因此也就不能被公约承认为非物质文化遗产和获得联合国教科文组织的支持。同样，定义中的平等要求也不现实，因为所有社会都存在劳动分工，而许多传统只是被社会中的一部分人如男人或女人、老人或年轻人、某一种宗教而非另一种宗教的成员实践着。比如在婚礼上，巴基斯坦妇女从屋子的女眷之部唱出特别的婚礼歌曲，我们是不是一定要让男人们加入歌唱才肯把这种仪式算作非物质文化遗产？还有，世界上许多传统的叙事诗歌和史诗都讲述一个民族的伟大，描写战争的胜利和敌人的失败，以及其行为的正义，敌人的不义。这类没有对其历史上的敌人表示尊重的诗歌和史诗，是不是也要被公约的定义排除在外呢？总而言之，定义中的道德要求将是加于各种传统及其实践者的毁灭性的重负。要获得承认，这些传统须要表明它们是平等的、正义的、可持续的和相互尊重的；联合国和缔约国则告诉这些群体，他们的传统没有达到这些标准。结果，旨在承认和帮助这些群体及其传统的努力适得其反。人类学家的建议是：关于非物质文化遗产的定义只需保留与人权诸原则相一致这一项要求，其他则去之可矣。

Kurin 慢条斯理地讲了七八分钟，那一刻会场极静。我想，那也是让所有人都有点尴尬的一刻。两百年前，生活在亚、非的欧洲殖民地的当地人如果要主张他们的某个习惯有效，就必须证明这个习惯无违于正义、平等、理性、道德和公共政策等。有多少习惯因为不能与这些价值相一致（repugnancy and inconsistancy）而受到忽略甚至压制而最终灭失了呢？我们不知道。可以肯定的是，这个过程从来不曾停止，即使殖民制度早已经瓦解。

这恐怕是非物质文化遗产保护中最核心也最微妙的问题了。到底什么是非物质文化遗产？究竟应当保护什么样的非物质文化遗产？为什么？我们能提出一种前后一贯的理论吗？其实，如果把 Kurin 教授的逻辑贯彻到底，保留“人权诸原则”的根据也将丧失。那时的结果会是他想要看到的吗？也许他会说，与其他价值不同，人权原则得到了普遍的接受。然而，什么是普遍的标准？如果眼下讨论的公约最终获得通过，算不算被普遍接受？无论如何，那些在婚礼上歌咏的妇女以及无数类似传统的承担者并没有出席我们的大会，如果看到和听到我们所讨论的问题，她们会说什么呢？

2003 年 6 月 23 日

于北京万寿寺寓所

全球化时代的文化多样性

序幕

2003年6月，有关《保护非物质文化遗产国际公约（草案）》（以下简称“草案”）的第三次政府间专家会议召开，地点还是在巴黎的联合国教科文组织总部。这是将“草案”提交4个月后召开的教科文组织第三十二届大会前的最后一次磋商机会。因此，这次会议的目标很清楚：达成共识，完成草案，否则大家就不要回家。会议进行了12天，其间的紧张与艰难不难想象，不过，最后代表们终于能够收拾行李回家了。

10月，教科文组织第三十二届大会在巴黎召开。这是教科文组织会员国大会，即全会。全会每两年举行一次，各会员国均派代表团参加。全会要讨论的议题极为广泛，大部分议程项目交给各相关委员会讨论和审议。“草案”是第四委员会的议题，这个委员会负责文化事务。

根据议程安排，第四委员会要审议的项目共有 12 项，这 12 个项目被分配在 7 个辩论单元当中，每个单元为半天。其中，“草案”一项占一个单元。两个有关“计划与预算草案”的项目各占一个单元。项目 5.11“拟定一份关于文化多样性的国际准则性文件的可行性”也占一个单元。“计划与预算”关系到做什么事和花多少钱，自然要认真对待。“草案”是过去两年教科文组织工作的重点，占一个单元也理所当然。但那个“文化多样性的国际准则性文件”是怎么回事？为什么要花那么多时间在上面？后来的发展表明，对于这最后一项，一个辩论单元不过是个小小的序曲。

会议于 9 日下午开始，先讨论“计划与预算”的项目。涉及金钱的事情照例受到各方关注，争执辩难也在所难免。辩论延至第 2 天，至晚上 9 点多休会时仍未结束，只好第三天再议。出人意料的是，关于“草案”的报告并未引起人们的辩论热情。中午 12 点开始的议程，下午 3 点便告结束。不仅如此，一年多以前各国代表开始就此事磋商时，工作的目标只是制定出“草案”的“第一部初稿”，以便提交本届大会讨论，但在这次大会上，提出“第一部初稿”的目标已经由“讨论”变成“通过”，而这个目标居然就顺利实现了。任务提前完成，剩下的事情就是等各国政府批准加入了。显然，人们对这项已经完成了的工作不再感兴趣，大家的注意力转移到了新的目标，一个新的“国际准则性文件”。

所谓“国际准则性文件”，说得明白些就是国际公约，因此，项目5.11要讨论的，就是制定一份关于文化多样性的国际公约的可行性。那么，这个关于文化多样性的国际公约究竟是怎么回事呢？这件事说来话长，篇幅有限，只能长话短说。

“文化例外”

过去50多年间，世界经济的发展趋向于开放的市场。在1950年至1998年，出口贸易占世界GDP的比重从8%上升到了27%。与这种发展相伴随的，是贸易的日趋自由化。其结果，不但生产越来越全球化，消费也日益地全球化了。文化市场也不例外。随着信息社会和知识经济的发展，文化产业以及文化产品贸易的地位更显著上升。然而，就在对文化产品与服务的消费开始遍及世界之时，其生产却趋向于集中。这意味着什么呢？人们意识到，文化产品和服务不是普通商品，因为它们能够传递和形塑价值，生产和再生产文化认同，从而有助于社会的凝聚。如果全世界人民所接触和消费的文化产品最后只由少数几个文化强国生产和提供，人类文化岂不要尽失其丰富与活力，而走上灭绝一途？实际上，过去这些年里，许多小国和发展中国家发展其文化产业和提供文化产品和服务的能力不是在提高，而是被不断削弱和萎缩。

其实，感到威胁和不满的并不只是小国和发展中国家。在1994年结束的关贸总协定乌拉圭回合最后阶段的谈判中，文化产品和服务是不是应当适用自由贸易原则是一个引起激烈争论的议题。有些国家认为，如果只谈自由贸易，很多地方的文化产业就会迅速被那些拥有垄断地位的经济上更加强大的竞争者取而代之。因此，有必要创造一种机制，以维护和发展能够反映地方文化表达形式并避免趣味与行为标准化的国内产品。

经过激烈辩论，这种对于文化产品和服务的“文化关切”获得了部分的承认：电影及音像产品和服务可以作为例外，不适用关贸总协定的规则。当时，为文化产品与服务的特殊性获得承认斗争最力的是欧盟，领袖群伦的则是法国。从那以后，国际贸易谈判中便有了一个大家默认的原则：“文化例外”。

尽管大家对“文化例外”的原则心照不宣，但是这一原则并没有法律地位，也没有在任何协定或者条约中获得法律上的承认。这意味着，在未来的贸易谈判中，文化产品和服务已经取得的特殊地位始终是脆弱的。相反，如果“文化例外”的原则能够体现在一个“国际准则性文件”当中，处理国际贸易中文化与贸易的关系便有了一个基本的法律框架，一个可能与 WTO 及相关原则相平衡的法律架构。

“文化例外”原则乃是基于这样一种信念，即文化不同于所有其他商品，它具有非商业性的特质。文化产品和服务传递观念、价值和生活方式，而这些东西反映了一个国家的多元认同，以及公民们创造性的多样性。正是基于这一点，“文化例外”原则的倡导者辄以文化多样性相号召，并把制定一部关于文化多样性国际公约的任务理所当然地同教科文组织联系在一起。

的确，教科文组织最重要的使命之一，就是维护和促进文化的多样性。2001 年 11 月，教科文组织第三十一届大会通过了《世界文化多样性宣言》(以下简称《宣言》)。《宣言》"注意到文化是当代围绕认同、社会凝聚以及知识经济的发展的各种争论的核心"(序言),也注意到"目前世界上文化产品与服务的流通与交换中的失衡现象"(第 10 条)。它还提到文化产品和服务作为认同、价值和意义之介质的特殊性(第 8 条),以及政府制定适当的文化政策的必要性(第 9、11 条)。而《宣言》所附的"行动计划要点"的第 1 条更特别提出,要"进一步考虑制定一部有关文化多样性的国际法律文件的可行性"。

2003 年 3 月,教科文组织执行局第 166 届会议讨论了由德国、加拿大、法国、希腊、摩洛哥和塞内加尔提议,教科文组织法语国家附议的一个议程项目,这个项目涉及对制定一份文化多样性公约的相关技术和法律问题的初步研究。执行局就此问题所作的决议,便是本届大会第四委员会要讨论的项目 5.11。

"不需要同枕头商议"

在第一天审议《2004—2005 年计划与预算草案》的辩论中,铺垫性的交锋就已经开始。大约是因为已经预感到风雨欲来的气息,担任大会主席的贝宁大使在就会议议程进行说明时便告诫说:本委员会就要进行的工作十分敏感,因为国际社会的文化发展正处于重要阶段,吾等所作决定将影响这一发展,意义重大。望大家本诸合作之精神工作,不为国界所限。此为真正之国际精神。

主席言罢,各国代表纷纷举牌要求发言。乍听上去,接下来的发言大同小异。大家就审议的项目陈述各自立场,其间绝少批评,更没有相互间的驳难。不过，局内人一听便知，发言者各取所需，各有侧重，甚至，看似不相关的言辞中实际上暗藏机锋。

“尊敬的美国代表”（大会主席如此介绍）在发言中指出，美国是一个文化多样性共存的实验室。根据美国人的经验和信念，文化属于人民，属于每一个个人，而不属于国家。如果没有充分的自由，文化的表达就会遭到扭曲。因此，要强调文化的自由表达和交流，反对文化官僚主义。在这方面，教科文组织可以发挥重要作用。在美国之后发言的是“尊敬的法国代表”。法国代表强调制定一部文化多样性公约的重要性，并指出，保护非物质文化遗产国际公约如果在这次大会上通过，即可表明教科文组织在保护文化多样性方面的重要作用，该组织应该更进一步，推动文化多样性公约的制定。接下来是日本代表的发言。日本一向支持教科文组织保护文化多样性方面的举措，不过就大家提到的这两部国际公约来说，日本认为，当务之急还是先通过《保护非物质文化遗产国际公约》。

通过第一天的发言，不同阵营及其运用的策略和理由已经隐约可见。而到了正式就项目 5.11 展开辩论的第 5 单元，有距离的对阵就变成了短兵相接。

第一个发言的是菲律宾，她以 77 国集团主席的身份并代表该集团表示，赞成制定一部文化多样性国际公约，并考虑在 2005 年通过这个公约。接着发言的芬兰也表示应该有这样一个国际准则性文件，以便为更好地管理文化产品与服务在国际间的流动提供一个框架。不过她同时也指出，这个文件不应基于保护主义，而应基于相互尊重。此外，这个新的准则性文件也应与其他国际文件协调一致。很快轮到美国代表发言，他表示坚决支持国内和国际上的文化多样性，但认为要保护文化多样性，制定一个国际公约并非良策。退一步说，即使要制定一部这样的公约，现在的时机也不成熟。一个问题是公约内容可能与人权有冲突。另一个问题是它会压制个人自由。还有就是它可能与其他国际组织如 WTO 发生冲突。此外，对文化产品的控制会与全球化产生冲突。真正的文化多样性，美国代表说，是要使每一种文化都变得有力量，而这需要开放，不是封闭。教科文组织应当“开门”而不是“关门”。

在美国之后发言的是法国文化部部长，他在发言中针锋相对地指出，制定文化多样性公约之举并不是要“关门”，而是为了促进文化的传播。他强调文化不仅仅是一种娱乐，因此不能交由市场去决定，而应当有相应的国际法律文件来管理。他深信文化多样性的重要性，认为这种多样性涉及每一个人，涉及所有人的未来，我们应当为此而斗争。所以，起草一部这样国际法律文件的任务十分紧迫，不能再等。而进行这项工作正是教科文组织义不容辞的使命。

在这个单元的辩论中，一共有 81 个会员国以及一个观察员、一个政府间组织和两个非政府组织的代表发言。绝大部分的发言者都支持制定文化多样性公约。他们在发言中强调文化产品的特殊性，强调文化间的平等以及文化间对话的重要性。他们相信保护文化多样性有益于发展，相信制定文化政策和国际公约将有助于实现而不是阻碍这些目标。不止一个非洲国家的代表指出，全球化不利于其文化发展，非洲文化在全球化的商业浪潮冲击下日益边缘化。南非代表指出，多样性的滥用会造成分裂，但是经济全球化下的统一同样不可接受。制定文化多样性公约能够保证我们不受其害。巴基斯坦代表指出了文化产品受人控制而致文化拥有者贫穷的现实。巴巴多斯代表反对吃同样的食物、穿同样的服装和拥有同样的观念，并说发展中国家在物质上缺乏竞争力，但在文化上却非如此。问题是，小国容易受到大国的控制，她们的文化虽然丰富，但却受到排挤和压制。文化多样性公约能够保护这些小国的文化。大会对南非和巴巴多斯代表的发言报以掌声。

当然，美国也不是孤立无援。澳大利亚主张谨慎从事，尽量达成协商一致。又说提出新的法律文件不能与现有其他法律文件重复，而应互补，这方面的问题还有待研究；此外，涉入公约之前还应当同比如 WTO 等国际组织进行磋商。丹麦也表示，自由的全球贸易是前提，且有助于文化多样性。相反，保护性的文化政策将损害文化多样性。因此，如果要制定一个文化多样性的法律，首先应当满足两个条件：第一，公约范围要界定得令人满意；第二，不得违反 WTO 和世界版权组织的文件。

在名单上所有的发言者均获机会阐述其立场之后，教科文组织助理总干事，主管文化事务的 Bouchenaki 先生把辩论中的各种观点作了一个总结。此时，天色微暗，已经是下午 6 点多钟。这场辩论的结果会是什么呢？主席建议休会 45 分钟，以便协商一致。据说，通过协商而不是诉诸法庭来解决争议是非洲智慧。然而，在接下来的十几、二十分钟里，大会辩论发展成为激辩，气氛紧张而热烈。

有人提议明早再议。圣露西亚反对，说只需 5 分钟就可议决。（代表们鼓掌）阿富汗同意推迟到明天。智利说：我们不需要同枕头商议！此事紧迫，45 分钟足矣。（代表们长时间鼓掌）主席先生请大家不要激动。俄罗斯认为，协商一致很重要，应当成立一个工作组，立即开始协商。法国响应圣露西亚的提议，认为不需要成立工作组，更不需要明日再议。主席表示不希望看到以多数决方式解决争议。尼日利亚反对，要求诉诸法律，立即表决。（代表们鼓掌）又有国家指出，协商一致并不意味着少数几个国家可以把自己的意志强加于人。可以休会 45 分钟开展协商，若再无结果即可表决。美国代表第三次出场，称无意强加于人，只是想表达己见。又说要就制定公约的可行性问题通过一个案文，有必要成立一个工作组来研究案文。日本代表也站出来说，应当尊重少数的意见，并成立一个非正式的工作组来协调立场。这时，越来越多的国家开始表现出不耐烦，要求立即休会。黎巴嫩代表的发言直指美国，称美国的立场与教科文组织的立场正相反对。又说应当尊重少数人意见，但不应当屈从于少数人的意志。代表们又一次鼓掌响应。大会休会。

人权的用途

美国虽然不愿意看到公约的制定能够顺利进行，甚至干脆反对制定这样一个公约，但他也很清楚，这种反对最终可能徒劳无益。所以，在其准备的各种应变方案里，就包括了一份提交大会讨论的完整的案文。

项目 5.11 的核心，也是其中唯一需要决定的事项，是执行局通过总干事建议大会通过的“决定草案”。把这个“决定草案”的内容同美国提出的案文（以下简称“美国提案”）以及大会最后通过的案文（以下简称“大会案文”）比较一下，是一件非常有趣的事情。尽管本文的篇幅不允许我们逐字逐句地比较这三个文本，择要介绍一下三者的异同却是必要的。

“决定草案”包含5个自然段，是三个文本当中内容最少的一个。意味深长的是，“决定草案”完全为“美国提案”采纳的只有一条，而且是最少实质意义的一条，而在大会最后通过的案文中，这5个自然段全部都被包含了进去。因此，差不多可以说，“大会案文”就是在“决定草案”的基础上对“美国提案”的内容予以取舍而形成的。那么，美国人向大会贡献了什么呢？下面是具有实质性的两个段落：

> 强调《世界人权宣言》第19条的重要性，该条款宣称人人有权享有主张和发表意见的自由，包括不论国界寻求、接受和传递信息和思想的自由，
>
> 重申各种文化向所有其他文化开放的原则。

我们可以把前一条称为“人权原则”，把后一条叫作“开放原则”。这是美国坚持最力的两条原则。它们虽然为“决定草案”所无，但却被一字不差地写进了大会最后通过的案文。谁能够反对“人权原则”呢？而自由地发表意见和传递思想就意味着开放，因此，“开放原则”就成为实现“人权原则”的一个条件。

“美国提案”中另一些具有实质意义的内容也被“大会案文”所吸纳，但其具体内容和行文却有改变。比较这些互有出入的段落

最有意思。在“美国提案”中，紧接着人权第19条的是这样一段：

> 强调教科文组织的一个基本宗旨是运用文字与形象促进思想之自由交流。

而在“大会案文”中，这句话后面增加了半个句子，变成了：

> 强调教科文组织的一个基本宗旨是运用文字与形象促进思想之自由交流，以及保护文化的独立性、完整性和丰富的多样性。

这是一个重要的修正，它暗示“思想的自由交流”同“文化的独立性和完整性”之间可能需要其他的什么东西来加以平衡。

另一处改动也富有深意。在“美国提案”里，接在“开放原则”后面的是这样两个自然段：

> 承认知识产权保护和当代文化产品与服务在一国之内和跨国自由流通对于艺术家和创作人员具有重要意义；以及
>
> 铭记教科文组织在此领域的工作应当完全符合当今的国际法律秩序，并充分支持现有的国际规约和义务。

而在最后通过的“大会案文”中，前一个自然段里与“知识产权保护”并列的“当代文化产品与服务在一国之内和跨国自由流通”一句被删去了，于是，这一条就简单地变成：

承认知识产权对于保护艺术家和创作人员具有重要意义。

后一自然段所谈论的问题与“决定草案”中的一条相合，那一条只是要求在制定一个新的国际公约时应当考虑现有国际法律文件，较之“美国提案”中的“完全符合”和“充分支持”一类提法，“决定草案”中规定的义务明显地轻描淡写。“大会案文”坚持采用“决定草案”中的段落，同时增加了另一个内容：

铭记制定任何一项新的国际准则文件都应考虑现有的国际法律文件是至关重要的，并在必要时，总干事应就这一问题与世贸组织、贸发会议及世界知识产权组织进行磋商。

这段案文的后半部分与“美国提案”的最末一段相对，那也是“美国提案”中最长的一个段落。那段案文“请总干事”与“其他国际组织”进行“正式磋商”，探讨其支持制定公约的可能性，然后把磋商情况报告给教科文组织下一次的执行局会议。毫无疑问，如果大会最后通过的案文是以这样的结果收场，这次想要推动公约制定的活动就算失败了。所以，“大会案文”不但用“在必要时”这样一个限定语化解了总干事可能面临的压力，而且重申了“决定草案”所有而“美国提案”所无的两条案文。这两条案文，一条说大会“决定将就保护文化内容和艺术表现形式的多样性”问题制定一部国际公约，另一条则“请总干事”在下一届大会时向大会提交一份相关报告，并附一份公约草案的初稿。换言之，制定公约的事情不仅要立即启动，而且要有明确的时间表。

要指出这几个文本的不同倾向也许不难，但可能不得要领。人权、发表意见的自由、交流思想的自由、文化开放以及文化的独立性、完整性和多样性，所有这些理念和价值都很好，而且未必不能相容。然而，在现实的世界里，这些概念对于不同的国家和民族，可能具有不尽相同的意义。把文化权利说成是人权的一部分并不能化问题于无形。最终，不同国家还是要根据这些概念对于它们所具有的实际意义，选择主张人权和基本自由还是强调文化多样性。如果拥有好莱坞、NBA、麦当劳、迪士尼和 CNN 的是智利、加拿大或者塞内加尔，我相信，他们就会强调基本自由、知识产权、WTO 规则和现行的国际法律秩序。一句话，他们就会是人权的代言人。

晚 7 点 30 分，在会场巨大的投影屏上，“大会案文”被逐条审读。因为有事前的磋商，也因为这案文本身就是妥协的产物，最后只用了 10 分钟，案文便在代表们的鼓掌声中通过。在那一刻，我意识到，另一场艰苦乏味的谈判就要开始了。

2005 年 4 月初稿

5 月 2 日改定于北京奥园寓所

谁的知识？谁的产权？

经过近一年的准备，关于保护文化多样性公约的第一次政府间专家会议于2004年9月在巴黎的教科文组织总部正式召开。这次的会议不再务虚，而是讨论一部条目齐备的法律草案:《保护文化内容和艺术表现形式多样性公约》。

大会的开局异常顺利，不大像是“一场艰苦乏味的谈判”。确定议程，选举大会主席，排定本次大会要讨论的具体议题，一切都是按计划进行。代表们各陈己见，大会气氛热烈，却没有爆出弥漫火药味的场面。不过，在一个大多数代表都要涉及并作表态的议题上，一种内在的紧张却显露无遗。

公约草案第19条，标题是“与其它文

件的关系”，下面包含两个选项：“选择方案 A”和“选择方案 B”。其内容如下：

> 选择方案 A：
>
> 本公约的任何内容不得影响缔约国在其所签署的任何有关知识产权的现行国际文件中所享有的权利和承担的义务。
>
> 本公约中任何条款不得影响缔约国从其他现行国际文件中享有其衍生权利和承担其衍生义务，除非行使这些权利和义务将严重损害或危及文化表现形式的多样性。
>
> 选择方案 B：
>
> 本公约的任何内容不得影响缔约国在其所签署的其他现行国际文件中所享有的权利和承担的义务。

在法律草案中将不同选项并列的做法非同寻常，它表明，起草人无法就相关内容达成一致，同时，这些条款涉及的利益分歧很可能十分重大。那么，这个条款的玄机何在？

其实，单列出“与其他文件的关系”一章，也不是一般国际公约通常的做法，而在这部公约草案里，之所以要将这一章单独列出，恰是因为其中涉及的利益分歧“十分重大”。这种利益的分歧，其实就是设立这部公约的理由本身。

如前文所述，文化多样性保护议题的提出，原是出于这样一种认识，即文化产品和服务并非一般商品，而具有传递价值、创造认同和凝聚社会的特殊属性，因此不宜简单纳入诸如WTO这样的处理国际贸易的一般框架。所以，公约草案第19条所说的“其他现行国际文件”，其实就是或主要是围绕WTO架构建立起来的规则体系，其中，《与贸易有关的知识产权协议》(TRIPs)尤为重要。因为，正如2001年的《世界文化多样性宣言》指出的那样，“文化是当代围绕认同、社会凝聚以及知识经济的发展的各种争论的核心”(序言)，而知识产权恰是最能够表明知识经济之时代特质的观念和制度。公约草案第19条的选项和行文就表明了这种关系。

方案B简单、明确，意在维护现行的国际法律秩序。方案A则试图引入一个不受侵犯的文化保护原则(第2款)，同时，作为一种妥协和平衡，它特别强调了知识产权保护的优先性(第1款)。围绕这种安排展开的讨论和取舍，把代表们划分为两大阵营。美国、英国、日本、印度、新西兰、哥伦比亚等国家选择方案B，更多国家选择方案A，没有明确表态的国家也为数不少，他们虽然不倾向于方案B，但认为方案A也需要重新表述，或者，应当在公约草案提供的选项之外另作选择。代表们意见纷纭、争执不下，于是，大会招来教科文组织国际准则及法律事务办公室主任尤素福先生，让他就公约草案第19条涉及的法律问题向大会代表们作出陈述。

大会第4天(9月22日)，代表们仍在就包括第19条在内的若干议题发表意见，一个让所有人都意想不到的小插曲，以一种极富戏剧性的方式，把当代知识产权制度最具争议的方面暴露在人们面前。

那天下午，大会接近尾声之时，轮到世界知识产权组织(WIPO)的代表发言。身为WIPO的代表，其发言自然要守持知识产权的基本立场，因此，他在发言中对“公约［草案］提及尊重知识产权保护（如在序言及第7条第2款），以及公约无意取代现存或未来的知识产权文件或与之相冲突（第19条）的想法表示支持”，一点也不会让人感觉奇怪。不过，这位代表同时还强调，要保护和促进文化多样性，知识产权制度不可或缺，因此，公约文本甚至应当更进一步，明白承认知识产权保护在促进文化多样性方面的积极作用。为了说明这一点，他还特别提到知识产权制度对所谓“传统知识和文化表现形式”（traditional knowledge and cultural expressions）的保护作用，讲到WIPO在这方面所做的努力和取得的成绩，他甚至还举出两个传统知识方面知识产权的成功事例。就在这时，他的发言被大会主席打断了。原来，WIPO代表谈到的两个事例都取自南非，碰巧的是，坐在上面的大会主席就来自南非，而且曾经担任南非教育部部长，他不但知道这两个事例，而且对此有完全不同的看法。

“这位年轻人很有幽默感，可惜提到的两个南非的例子都是错的”，大会主席这样开始他的评论。他说，在那个有关传统音乐的例子里，知识产权的拥有人获利数以千万元计，而创造了这些知识的本地族群却分文未得。按照现行知识产权制度，传统知识属于公有领域，不受版权保护。这种制度其实不是促进了文化创造，而是令其停止。他还批评WIPO，说它只盯着北半球发达国家，不看南半球欠发达国家。大会主席这番突如其来的评论在会场引起一阵骚动，更引来WIPO代表的抗议。毕竟，这种做法不同寻常，至少不合国际会议常规。于是，教科文组织助理秘书长赶紧出来打圆场，主席本人也不得不对自己刚才的做法表示歉意，说只是因为听到这些南非事例，才有此“非常规”之举，这些发言均不应记录在案，等等。

经过一番说明和道歉，大会重回正常秩序，似乎一切都没有发生。不过，有一点很清楚：大会主席可以收回其评论，却不会改变和放弃其意见。因为，知识产权问题后面隐含的不同国家和人民的利益冲突客观存在，而这位前南非教育部部长所表达的，不只是他个人的见解，也是许多国家和人民的看法。

源于近代欧洲社会的知识产权观念和制度，也许是人类历史上最了不起的创造。它把财产的观念，由传统的有形之物，推及人类的各种发明创造，乃至于关乎人类生命最重要的方面，从而极大改变了现今人类的生存条件和状况。不过，这种也被叫作智慧财产权的东西，起初并不是什么权利，而是一种特权，可以根据需要被授予、改变、限制、收回和取消，而且其内容和范围也十分有限。它的重要性因着经济与科技的发展而显著提高，其过程则伴随着资本的流动、国家的兴衰，以及世界政经格局的改变。

早先，知识产权保护只限于一国之内。19 世纪下半叶，专利方面出现了《保护工业产权巴黎公约》(1883 年)，著作权方面则有《保护文学艺术作品伯尔尼公约》(1886 年)，知识产权保护的国际化逐渐完成。不过，即使是在这一时期，在知识产权保护问题上，各国仍然享有极大的自主性，可以根据各自国家发展条件和需要确定相关的法律和政策。这实际上意味着，今天被斥为“窃取”的许多做法，根据当时的国内、国际法律实践，可能完全合法。其实，知识产权今天最坚定的捍卫者美国，当年就是一个“盗版”和

"仿冒"大国。它在著作权保护方面我行我素，甚至长期不理会像《保护文学艺术作品伯尔尼公约》这样的国际协议；而对于专利，直到20世纪80年代之前，美国法院从未提供有力保护（19世纪末20世纪初一段时期除外），因为在它眼里，专利和垄断差不多是一回事。这种情形与美国后来的知识产权卫士形象大相径庭，无怪乎有业内学者讲俏皮话，说现今所谓知识产权不过是"先抄先盗先仿先冒的那位不许后来的这位免费学他的样，这么一种越来越美国化的制度而已"。（冯象：《木腿正义》，第3页）

上述情形的改变，始于前面提到的《与贸易有关的知识产权协议》（TRIPs）。这部国际法律文件的重要性在于，它通过对WTO成员国具有约束力的规范和机制，建立起一个全球一体适用的知识产权制度。据此，各国政府在被要求采取积极措施对知识产权实施高标准保护的同时，其决定各自国内知识产权保护水平的自主权范围大为缩减。意味深长的是，推动这一进程的最重要的力量，是一个由主要代表制药业、娱乐业和软件工业的12名来自美国的跨国公司首席执行官组成的私人机构："知识产权委员会"。这些人联合在欧洲和日本的同行，以发达国家现行法律为基本依据，精心设计了一份提议，提交给关税与贸易总协定秘书处，同时通过运用其在知识产权方面的专业知识，还有所掌握的各种资源以及沟通技巧和游说经验，成功地把知识产权界定为与贸易有关的议题，最大限度地实现了自己的目标。

实际上，在此之前，也是这些引领知识经济潮流的大企业，通过行业协会长期而有组织的积极活动，改变了美国政府在知识产权保护问题上的立场，成功地把知识产权保护变成美国国家利益的一部分，从而得到美国政府的大力支持，在20世纪90年代的乌拉圭回合贸易谈判中，建立起一套全球统一的知识产权制度。不夸张地说，正是由于跨国资本与像美国这样的世界强国配合无间，联手推动，作为私权的知识产权保护，才最终上升为公法，成为当今世界经济秩序的基础性制度。这段历史，可以解释美国政府在这次公约草案谈判中的立场，也可以帮助我们了解，为什么公约草案第19条会做如此安排，又为什么代表们会盯住这个条款，展开无休止的论辩。

根据流行的说法，知识产权制度的重要性，在于其鼓励和保护创新，而创新，也许是知识经济时代最重要的价值了。不过实际上，知识产权制度与创新的关系，未必如其辩护者所坚称的那样确定不移。说知识产权保护能够促进自由贸易和竞争，这种观点更是缺乏说服力。美国政府在知识产权保护问题上前后立场的转变，本身就很说明问题。说到底，现行知识产权制度，建立在一种个人主义的和发达的工业文明的基础之上，是一项“具有极高价值的资源和技术领先者的比较优势”。（[美]苏珊·K. 塞尔：《私权、公法——知识产权的全球化》，第3页）因此，通过TRIPs所确立的这套制度，“对创新、研发、经济发展、工业的未来定位、全球劳动分工都有非常重要的意义”。（同上书，第9页）从此而后，新兴工业化国家不能再像先一步实现工业化的国家那样，通过学习和模仿来实现其发展目标，相反，他们要向越来越多的知识产权持有人支付越来越高的信息和技术费用。同时，为了履行高标准的知识产权保护义务，他们还必须负担更高的成本。更具讽刺意味的是，欠发达国家所拥有的一些资源，如前面提到的传统知识，很容易就被那些技术、知识和资金方面的领先者转变成所谓知识产权，变成他们受法律保护的所有物。前面提到的让南非前教育部部长愤愤不平，以至按捺不住要当众对 WIPO 代表反唇相讥的，正是这方面的情形。

所谓传统知识，大体是指那些基于传统而产生、创造、应用和传承的知识，包括农业的、科学的、技术的、生态的、医疗的、文学艺术的，等等。而所谓基于传统，根据 WIPO 的定义，则主要指代代相传的知识体系、创造、创新和文化表达，被认为属于特定人群或地区，自发演化，并根据变化的环境而改变。在一个符合工业社会需求的知识产权体系中，这类知识没有适当的位置，因为它们既不是个人创新的成果，也不具有所谓新颖性，只能被归入公有领域，供人免费使用。这种情形为所谓“生物盗版”或“生物海盗”提供了条件。业内人士都耳熟能详的“死藤”案就是这方面的典型案例。

1986 年，美国专利商标局授予申请人 Miller 一项植物专利。据说，这位美国企业家“发明”了一种“新的和独一无二的”药用植物。其实，在南美洲的亚马逊地区，这种“新的和独一无二的”植物已经被当地人认识、保存和利用了数千年之久，而且，这种当地人名为“死藤”的植物，在当地部落的日常生活中具有极其重要的药用和宗教价值。因此，若干年后，当发现自己的这种神圣植物竟然成了一个美国人的专利时，当地人大惑不解：为何自古以来整个雨林地区都知晓和培育的这种植物会被外人“发现”并得到专利。他们还担心，即将由美国和厄瓜多尔批准的双边知识产权互惠协议，会迫使他们承认 Miller 对他们的神圣植物享有财产权。1999 年，国际环境法中心代表当地几百个部落组织向美国专利商标局提出再审申请，要求驳回美国植物专利第5751号，并最终获得成功。不过，裁定驳回专利的理由与申请人提出的文化、道德等问题无关，甚至当地部落代表就“死藤”久为本地人利用所作的证词，也因为只是口头证据而未获认可。最后决定案件成败的因素完全基于现代法律，而且纯粹是技术性的。根据美国法典第35编第102（b）条，对申请日一年以前在印刷出版物上公开的发明不得授予专利。本案中，专利申请人提出申请之前一年，芝加哥自然博物馆（Field Museum）的干燥标本集就已经记载了同种植物，同样重要的是，这个标本集被认定为“印刷出版物”，可为公众知悉和获得，换言之，该项申请不具有它所声称的“新颖性”，并落入上述法律规定的禁止性条件。

“死藤案”并不是生物盗版方面仅有的个案。发生在大约同一时期的两个印度案件，“姜黄案”和“楝树案”，也同样著名。这些专利案件都涉及公众性的知识与私有财产权之间的关系，涉及“地球的大众资源是由大众分享还是被商业性占有成为几个大公司的知识产权”这样生死攸关的“战斗”。（转引自同上书）而且，尽管这些案件最后都以撤销之前的专利结案，但是决定案件成败的，始终不是文化上或道德性的理据，而是现行法律所规定的技术要素。换言之，这些案件一直是在现行知识产权法律的框架里面来审视和处理的，这意味着，如果申诉方不能够提出符合其技术标准的证据（这实际上很难），就只能接受自己的知识变成他人的产权的事实。这也意味着，那些原本创造了并且世世代代拥有这些知识的本地人，以后再要使用这些知识和资源，就必须向那些因为

“科学发现”而得到专利的商业组织支付金钱，而他们必须支付的价格，很可能超出他们的负担能力。人们坚称，知识产权的效用，还有 TRIPs 的目标，就是保护财产、杜绝盗版。但我们在这些案件中所看到的情形却正相反，知识产权变成了不正当占有他人知识即盗版的工具。没有比这一点更具有讽刺性的了。

针对发达国家的生物科技、药品、农业化工产品和种子产业提出的知识产权诉求，草根活动家、农民组织、环境组织以及人权和消费者组织在全球范围内开展了“生命无专利”运动。他们“要求修改 TRIPs，明确允许国家将生命形式和与生物多样性有关的知识从知识产权垄断中排除，发动全球环境、农业、消费者、健康、食品安全、妇女、人权和人民组织参与，并宣称 1993 年《生物多样性公约》优先于 TRIPs”。（同上书，第 141 页）

反对 TRIPs 的另一项重大努力发生在药品专利领域，在这方面，席卷全球的“获得药品运动”与“生命无专利”运动并行，而其成绩更为显见。药品专利问题与文化产品问题有相似处。问题的症结在于，药品并非普通商品，而是涉及人类生命和公共健康的特殊产品。当私人商业利益同公共健康价值之间产生冲突，这时，知识产权作为一种特权而非权利的性质就越发显得突出，TRIPs 的不足也就更加显见了。

从 20 世纪 90 年代到 21 世纪初，一系列围绕药品专利和公共健康问题的争论和行动，在若干国家、国际组织、非政府组织和药品行业之间展开。博弈的结果是，公共健康的理念被更多人接受，一些针对发展中国家违反药品专利的诉讼被迫撤回，一直站在全球药品公司后面的美国政府也开始调整其政策。最后，2001 年，在多哈召开的 WTO 部长级会议上，一个由非洲团体、巴西和印度领导的 80 个国家集团提出了《TRIPs 与公共健康宣言》。宣言主张公共健康的优先性，主张各成员国在面对其国内公共健康危机时有权采取包括强制许可等措施应对之。尽管美国和瑞士提出反对意见，并试图以给与部分发展中国家某种好处的提案分化发展中国家集团，但宣言最终还是获得了通过。

在某种意义上，本次大会讨论的文化多样性公约面对同样的问题，那就是，涉及文化产品和服务，相对于 WTO 所确立的贸易框架，尤其是其中有关知识产权的制度安排，文化多样性是否为一项可以甚至必须加以优先考虑的价值。公约草案第 19 条，其症结在此。

这次大会一年之后，保护文化多样性公约终于在教科文组织第三十三届会议上通过。正式通过的公约，名称改为《保护和促进文化表现形式多样性公约》，原公约草案第 19 条的内容，被置于第五章“与其他法律文书的关系”之下，包括两个条文，即第 20 条和第 21 条。其具体内容如下：

第二十条　与其他条约的关系：相互支持，互为补充和不隶属

一、缔约方承认，他们应善意履行其在本公约及其为缔约方的其他所有条约中的义务。因此，在本公约不隶属于其他条约的情况下：

（一）缔约方应促使本公约与其为缔约方的其他条约

相互支持；

（二）缔约方解释和实施其为缔约方的其他条约或承担其他国际义务时应考虑到本公约的相关规定。

二、本公约的任何规定不得解释为变更缔约方在其为缔约方的其他条约中的权利和义务。

第二十一条　国际磋商与协调

缔约方承诺在其他国际场合倡导本公约的宗旨和原则，为此，缔约方在需要时应进行相互磋商，并牢记这些目标与原则。

比较公约草案第 19 条的内容，新的条款更圆熟，也更平衡。尽管如此，对“缔约方在其为缔约方的其他条约中的权利和义务”的尊重，仍然是其中最坚实的部分。这也意味着，涉及知识产权问题，将来仍会在 TRIPs 的基本架构中处理。而本公约的通过究竟能为文化多样性的保护和促进带来什么和多少变化，还是一个有待观察的问题。

（关于知识产权全球化问题，本文主要参照了［美］苏珊·K. 塞尔：《私权、公法——知识产权的全球化》，董刚、周超译，中国人民大学出版社 2008 年版。文中提及的案例，也可以参照［印］甘古力：《知识产权：释放知识经济的能量》，宋建华、姜丹明、张永华译，知识产权出版社 2004 年版。冯象：《木腿正义》，北京大学出版社 2007 年版。）

默多克先生，你到底能给我们带来什么？

2003年10月，新闻集团董事长兼首席执行官默多克访问中国。其间，这位闻名世界的传媒大亨接受了中央电视台记者的专访，访问内容在央视一个著名的对话节目中播出，于是，中国的观众们听到了这样一段对话：

记者：作为中国的观众来说，可能最关心的是，默多克先生，你到底能给我们带来什么，给中国的观众带来什么？

默多克：我们希望带给他们很好的娱乐，生活中增添一些色彩，打开电视机，晚上心情就好起来，能够看到节目，受到刺激，就是这么简单吧。使人们感兴趣的电视节目，能够留住观众的电视节目，能够给他们带来惊奇，带来快乐。这就是娱乐业、文化事业的基本特征吧。

记者：就在您强调本土化的同时，我也看到，这个本土化的界限，正在被打破，人们已经看不清这个界限了，所以在这个背景下，有人担心，默多克先生，你是不是会像以往那样，你在推行一种文化霸权？你在把我们不需要的东西强加给我们？

默多克：我完全不同意这个讲法，你把一个美国的或者是澳大利亚的节目在中国播出，假如人们不喜欢的话，当然他们不会去看了，而不被人喜欢看的话，这个节目就要赔钱，赔钱就没有广告，没有观众，就不可行，全世界这种情况不断地发生，美国的很多节目在澳大利亚、在英国都不成功，反过来也一样。这就是一个充满选择的文化市场的美妙之处，大家都可以有不同的选择，你必须尊重人们的这种选择，这种选择是一个明智的选择。

这段对话里的关键词可以分成两组。

第一组：娱乐、快乐、文化事业和个人选择。

文化事业的特性在于制造娱乐，给人们带来惊奇和快乐，为生活增添色彩。而文化产品成功与否则取决于个人选择。这是默多克的说法，而且是一种简单化的、隐含了特定意识形态的说法。我们知道，新闻集团经营的核心业务包括电影、电视节目的制作和发行，无线电视、卫星电视，报纸、杂志、书籍的出版，这是一个很大的集团，在全球拥有将近 200 份报纸、5 家杂志和 23 家电视台，电视网横跨南北美洲、欧洲、大洋洲和亚洲。作为一个传媒公司，一个巨型产业，新闻集团经营的是所谓文化产品。而文化产品的基本特征，并不只是给人们“带来惊奇，带来快乐”，它们还表现意义，传递价值，塑造认同。而某种文化产品是否成功，也不简单是取决于个人选择。

第二组关键词是记者提问中提到的本土化和文化霸权。

这个问题的提出，是基于新闻集团这类跨国企业所代表的全球化现象。尽管新闻集团在中国采取了本土化策略，但它所带来的全球化冲击也不可否认。正是在此强大的全球化背景下，本土化的含义正变得暧昧不明。就像采访者所担心的那样，本土化的界限已经模糊不清。于是，人们开始担心全球化会带来“文化霸权”。

何为本土化？作为全球化的对应词，本土化的意思是否就是非全球化甚至反全球化？在全球化已经蔚为大观、确定不移的今天，我们还可能想象某种不受“污染”的纯粹“本土”吗？全球化或许是较为晚近的现象，但是在人类历史上，有过那种纯而又纯、不受外来文化影响的“本土”吗？如果是这样，谈论“本土化的界限”意义何在？这些问题复杂而微妙，却不在上引对话的讨论范围之内。而且，提问者还有意无意地隐去了一个关键词：资本。我们知道，全球化除了仰现代技术（这里主要是现代传播技术）之助，最重要的支持就是资本，尤其是全球资本，跨国公司。与文化产品不同而相反，资本的属性最少民族性。然而，在全球化浪潮中，正是借助于资本的力量，并经常是以商业运作方式，来自发达国家的文化产品，连同包含其中的价值、观念和精神，迅速传播和扩大其影响，在世界各个角落，尤其是那些文化产业不够发达，更不用说政治、经济上弱小的社会中，取得支配地位，形成人们所忧心的“文化霸权”。这种所谓“文化霸权”之所以令人忧虑，是因为它会泯灭受支配者的文化自觉和自信，进而削弱甚而取消文化多样性。对于这种担心，默多克先生的回答是，所有这些都是基于个人的自由选择，其中没有任何强迫的地方，这正是他所谓文化市场的美妙之处：一切都是自愿的交换和选择。按照某种自由主义理论，这样的制度在政治上具有正当性，在经济上有竞争性，因此是最合理的。

人们对这个问题的疑问是，市场交换是否是分配文化产品的最佳方式？消费者的选择究竟基于什么样的自由？交换的自由和貌似自由的选择到底会带来什么样的文化和社会的结果？这种结果对于生活在这个世界上的人们（实际上可能是生活在“不同世界”里的人们）意味着什么？对于这些问题，人们进行了长时间的思考和争论。今天，国际社会已经就其中若干问题达成了某种共识，这些共识主要体现在2001年的《世界文化多样性宣言》（以下简称《宣言》）和2005年联合国教科文组织通过的《保护和促进文化表现形式多样性公约》（以下简称《保护文化多样性公约》或《公约》）里面。其中最核心的大概是下面三点：第一，文化多样性是人之所以为人的一种特性，是交流、创新和创造力的源泉。其

对于人类的必不可少，犹如生物多样性对于自然界的不可或缺。（《宣言》第1条;《公约》序言）

第二，文化活动、产品和服务具有体现和传递文化特征、价值观和意义的特殊性，因此不应被视为仅具商业价值的一般商品或消费品。（《宣言》第8条;《公约》序言，第1条第7款）

第三，全球化进程为加强各种文化的交流与对话创造了新的条件，但同时也对文化多样性构成挑战，因为它可能造成富国与穷国之间在文化物品流通与交换方面的失衡。（《宣言》序言，第10条;《公约》序言）既然文化多样性对人类社会的生存和发展如此重要，既然文化活动、产品和服务因为其特殊性质不能只交由市场支配，既然全球化的进程在为文化多样性的发展提供机遇的同时，也可能危害文化多样性，那么，各国政府就有责任通过制定各自的文化政策和开展国际合作等方式，来保护、维护和促进文化多样性。而这首先意味着，在文化领域，国家可以自主方式，对全球化背景下的自由贸易施加某种限制。于是我们看到，在1994年的关贸总协定谈判过程中，欧洲国家提出了“文化例外”原则，以之与自由贸易的主张相抗衡；2005年，联合国教科文组织第三十三届大会通过了《保护文化多样性公约》，更以国际公法形式对“文化活动、产品和服务”在国际上的贸易和流通作出特别规定。可以说，过去十数年当中，上面这种通过国家制定文化政策来对自由贸易加以限制，进而保护和促进文化多样性的主张得到了加强，并且在国际层面上进一步合法化了。不过，这件事情并不像它表面看上去那样简单。实际上，我们面对的是一系列既相反对又相依存的主张和诉求，而且，诸如《保护文化多样性公约》这样重要的国际法律文件，其本身就是妥协的产物。公约文本中语词和表述上的微小差异，往往埋藏着利益上的巨大歧异，即使是各方共同引用的条款，也可以有不同的解读和运用。换句话说，在国际上共识形成的同时，意见的分歧和冲突依然存在，分歧的后面，则是不同利益和力量之间的竞争。只不过，这种分歧和竞争现在有了一个新的框架。这种情形意味着什么？对我们了解和回答前面提出的问题包含了怎样的启示？我们且考虑见于《保护文化多样性公约》的三种互相关联的基本主张和诉求，即（1）文化多样性；（2）人权和基本自由（这里主要指思想、交流、表达和获取信息的自由）；以及（3）国家主权。先看这些主张在国际层面的含义。

表面上看，《公约》的两项基本原则，即促进文化多样性与保障人权和公民基本自由，二者的关系看上去简单明了：这两种诉求虽然各有其价值，却又是一致的。它们相互支持，不能分离。原因很简单，思想、交流、表达和获取信息的自由，既是文化创造的前提，也是文化多样性得以存续的基础。借用《公约》文本的表述："只有确保人权，以及表达、信息和交流等基本自由，并确保个人可以选择文化表现形式，才能保护和促进文化多样性。"（第 2 条第 1 款）不过实际上，在复杂的现实世界里，尤其是在资本和技术在世界范围内流动、自由贸易几乎无坚不摧的情况下，这个问题并不简单。思想、表达和信息的自由可以在一定范围内和一定程度上通过自由贸易（"美妙的文化市场"）来实现，但是，按照上述国际上的共识，市场和国际贸易既不是分配文化产品的最佳和唯一方式，也未必是实现以上各项自由的理想途径。因此，按照《公约》确立的原则，各国政府可以，有时是应当，在自由贸易之外，通过制定和实施符合本国国情的文化政策，发展和提升本国的文化产业，维护和促进文化多样性。在《公约》文本中，这一规定体现为国家主权原则："各国拥有在其境内采取保护和促进文化表现形式多样性措施和政策的主权。"（第2条第2款）实际上，在《公约》谈判过程中，"国家主权"也是一些国家力求强化的原则之一，而且，比较《公约》（草案），后来通过的《公约》文本中，主权原则也多少得到了强化。不过，作为这种妥协的另外一面，我们也看到《公约》加于主权主张的限制："任何人都不得援引本公约的规定侵犯《世界人权宣言》规定的或受到国际法保障的人权和基本自由或限制其适用范围。"（第2条第1款）也就是说，各国政府在"保护文化多样性"名目下所采取的政策和措施，不得违反国际上认可的人权和基本自由。同样被列为《公约》指导原则的"开放和平衡原则"，进一步揭示出上述目标所包含的内在紧张："在采取措施维护文化多样性时，各国应寻求以适当的方式促进向世界其他文化开放，并确保这些措施符合本公约的目标。"（第2条第8款）

对于上面提到的这些看似明白、实际上暗藏玄机的条款，本文不拟作全面讨论，只提出以下几点观察意见：

首先，在复杂的现实世界中，促进文化多样性与保障人权和基本自由，这两个目标既具有内在的一致性，同时又隐含某种紧张关系。要达成这两项目标而无所偏废，须要在二者之间寻找某种微妙的平衡，而这样一种平衡，主要是通过各个国家制定和实施的文化政策来达成。

其次，从《公约》的逻辑结构上看，对人权和基本自由的保护是通例，为保护文化多样性采取的限制性措施是特例。在这种情况下，如何保证国家主权的行使既能最大限度地保护和促进文化多样性，同时又没有减损人权和基本自由，这是《公约》力求达成的目标，也是一个具有重大实践意义的问题。

最后，《保护文化多样性公约》以促进文化多样性为其主旨，但是《公约》本身对于实现此一目标却不可能有直接的影响，因为，文化的创造和发展总是通过具体的个人、群体和组织，在特定的政治共同体范围里发生的。比较而言，各个国家的文化政策和措施对它们各自管辖范围内文化活动的影响更加直接和具有实质性。因此，一个国家制度的良窳、政策的优劣、治理能力的高下，以及它为其境内个人和群体参与文化创造、发挥其创造性所提供的条件的好坏、范围的大小，对于该国的文化发展至为关键。

由末一点，我们的注意力自然会从国际的层面转到国内的层面。

从某种意义上说，《保护文化多样性公约》是对所谓“文化例外”原则的认定，也是对国家在文化领域的自主性的认可。但是，正像我们已经看到的那样，这种认定和认可，并非没有条件和限制。毋宁说，《公约》试图建立的是某种平衡机制，通过这种机制，《公约》所珍视的“文化表现形式的多样性”可以得到最好的保护和促进。“本《公约》的目标”在此。所以，尽管作为一部国际法律文书，《公约》的相当篇幅用来规定缔约各方之间的权利义务，以及国际合作的各种形式，但它还是屡屡提到包括妇女、原住民和少数族群在内的个人、群体、社会在创造、展示和传播文化表现形式方面的主体地位，以及各国政府为保护和促进此类活动能够采取的诸项措施。问题是，在这些最重要的问题上，《公约》的作用有限。它既缺乏直达个人和群体的手段，也不能代替任何一国政府制定相关的政策和措施。诚然，借助这一《公约》，人们有了一个处理相关问题的国际法律架构，甚至初步建立起一套协调与合作的组织和机制，但在不同国家和地区，它的作用能够发挥到怎样的程度，它所设定的目标能够实现到什么程度，恐怕都还要看这些国家或地区的政经、法律和社会生态的具体状况。

把视线转移到一国内部，人们面对的图景自然有所改变，最显著的不同在于，一切都发生在单一的政治共同体内部，而非不同的政治共同体之间。在这里，作为缔约方的主权者，事实上经常是以最高管理者的面貌出现。在世界大部分地区，和在大多数情况下，这些主权者独自处理其“内部事务”，不受或很少受其他组织和规范的约束。不过，人们若因此而假定，“单一的政治共同体”同时也是单一的文化共同体；全球化背景下的文化多样性的问题只是发生在共同体之间，而非同时也发生在共同体内部；所谓本土化和全球化的问题，简单地是一种内、外关系，那就完全错了。事实上，一国之内的文化创造与发展，以及这一基础上文化多样性的存续，往往面临着与在国际层面上类似的问题。只不过，这里的情况更加复杂，需要考虑的因素也更多。就以中国为例。

毫无疑问，中国具有统一的政治和法律制度（至少在大陆范围内），但她同时又是一个有着悠久历史文化和丰富的地域文化传承的国家，一个多民族、多种宗教和语言并存的国家，今天，她还是一个区域发展极不平衡的发展中国家。这不仅意味着在其内部有多种多样的文化表现形式，而且意味着这些文化之间可能存在事实上的不平等关系。换言之，这里也存在诸如“本土化”和“全球化”、主流和非主流、内和外那样的紧张关系，也有保护和促进文化多样性的需要。不仅如此，在这个资讯发达、交通便捷的时代，经由跨国公司所传递的那种全球化已经渗入到世界的各个角落，在此过程中，一国内部的文化，那些其本身即富有差异性的文化，也不同程度地发生变异，而在不断改变其边界，重构它们与“外来文化”以及它们彼此之间的关系。着眼于此，简单的全球化（外）和本土化（内）概念，已经不足以揭示问题的复杂性。真正需要关注的问题是，文化发展是趋于单一还是更加丰富多彩，不同的文化表现形式是否得到平等对待和尊重，经由个体和群体表现出来的文化创造性是受到激励还是抑制，以及，在此过程中，市场发挥了怎样的作用，政府恰当的角色又是什么。

比较改革开放前后的中国，人们可以明显地看到，市场化进程不但极大地促进了社会生产力，也扩大了人们的选择范围，激发了人的创造力。今天，中国人在“思想、交流、表达和获取信息”诸方面享有的自由，还有他们在创造和选择文化表现形式方面所达到的程度，都是改革开放以前所无法想象的。不过，正如《公约》指出的那样，市场在促进文化交流的同时，也可能对文化多样性构成挑战。市场化和商业化大潮席卷中国，的确为中国社会带来前所未有的冲击，这种冲击的另一面，是令许多传统的文化表现形式面临比之前的政治的和意识形态控制更严峻的挑战，因为这里的一切都是“自愿”发生的，而且这一过程是如此彻底，没有任何一种文化能够以“冬眠”“伪装”或其他方式侥幸避过。于是，我们看到，一些文化表现形式迅速消失了，更多的面临灭失的危险，还有一些被严重边缘化了，自然，也有一些文化表现形式幸存下来，甚至获得成功，但是，成功的代价可能是，它们原有的意义被稀释，甚至被完全改变。对许多个人和群体来说，这意味着一种具有凝聚和认同作用的意义系统不复存在，人们被抛入喧嚣、快速的社会生活，其生命经验变得单一、破碎和表面化。在这个背景下，政府通过制定合理的文化政策和采取相应的措施来介入这一过程，就变得非常重要，也非常必要。

然而，就像《公约》文本字里行间透露出来的担心所暗示的那样，政府并不必然是文化多样性的维护者，国家制定和实施的文化政策和措施，也不一定都有助于文化创造力的养成和发挥。经历了“文化大革命”的人对于“样板戏”的政治文化含义有深切的了解，那个时代的经验表明，国家基于政治意识形态的考虑，极力限制民众思想、表达和交流的自由，对文化发展可以造成怎样的灾难性后果。

毋庸讳言，在今天的中国社会，政府依然掌握大量的经济和社会资源，在无论社会发展还是民众的日常生活中，行政权力的影响依然排在首位。这意味着，在中国语境中谈论文化发展，从一开始就离不开政府角色这一议题。事实上，过去数十年间，政府的决策和行为，无论是否专门针对文化问题，对于文化生态的形成影响巨大。比如，在以GDP为导向、一味追求经济发展指标的政绩观下，许多地方公然喊出诸如“文化搭台，经济唱戏”一类口号。政府出面，积极发掘本地“文化资源”，组织文化活动，借以推动地方经济发展。这样做的结果，不但没有提升文化创造力，促进文化多样性，反而把原本植根于历史和传统之中的丰富多彩的文化表现形式变成缺乏生命力的经济附属品，把自发的生机盎然的文化创造活动变成缺乏想象力的拼凑物。如今，人们对这种一切以GDP为衡准的畸形发展观有了更多反省，对因此而付出的环境和社会方面的高昂代价有了更清楚地认识。近年来，随着文化被定位为国家软实力，文化发展战略议题也被提上议事日程，制定文化政策，发展文化产业，开展文化创新，增强文化竞争力等，正在成为政府新的口号和目标。

政府对文化事业的重视，包括其在文化领域的加大投入，无疑是文化创新和发展的有利条件。但是对于保护和促进文化多样性，造就真正的文化繁荣来说，这些有利条件尚不充分。因为，良好的意愿，包括财政上的投入，均不足以成就健康的文化事业。说到底，文化是无数个人和群体在日常的生活和艺术实践中创造出来的，因此，只有充分尊重这些创造主体的意志，平等对待各种不同的文化表现形式，为它们提供创造、展示、传播和交流的良好环境，文化事业的繁荣才可能被期待。正好比《公约》不能直接实现文化创造的目标，任何一个国家的文化政策和措施也做不到这一点。相反，那种崇尚权力、迷信权威的文化官僚主义，因为轻视个人以及民间社会的创造力，无视文化创造和发展的内在逻辑，必定造成文化创造力的枯竭。在过去几十年里，这样的事例我们已经看到太多。

回到本文开始时提到的对话，我们可以发现，无论是记者貌似尖锐的提问，还是受访者看似自信的回答，其实都是简单化的，隐含了特定的意识形态取向。当身为央视雇员的记者提出“文化霸权”问题的时候，他是否想到，这“文化霸权”究竟是默多克所代表的跨国企业、全球资本的，还是有权决定是否允许新闻集团进入本土的部门的，或者，同时属于这二者？究竟是谁从这种“文化权力”当中得到好处，得到了什么样的好处？这些问题势必把我们引入一个更加复杂的图景当中，其中，各种不同的利益、力量、权力交织在一起，以至于全球与本土、内与外、主与从、强与弱的界限经常是变动的、模糊的，但也因为如此，保护和促进文化表现形式多样性的问题也变得更加棘手和迫切。在这种情况下，寻找达成这一目标的有效途径无疑需要人们付出更多的努力和智慧。在这方面，《公约》取得的成就值得称道，经由《公约》所凝聚共识，确立的原则和标准，对于人们深入思考和有效应对文化多样性问题，尤其具有指导和启示意义。不过，同样清楚的是，《公约》所提出的目标，最终要有国家和地区内的因素来配合才能实现，而这要求在各个政治共同体内部有适当的制度安排，这些安排将有助于制定合理可行的文化政策，建立有效的决策和执行机制，促成民众的广泛参与，营造良好的文化创造和发展氛围。换句话说，要实现《公约》所提出的目标，最重要的还不是《公约》本身或类似公约这样的国际文件，而是一国之内的制度建构，其中最关键的是公民自由的保障机制、民间社会的健康成长，等等。因为，如果没有思想、表达、交流的自由，没有民间社会的蓬勃发达，没有基于平等原则的对各种文化表现形式的尊重，没有对所有这些目标和诉求的制度保障，真正的文化繁荣是不可能出现的。

倾听狗的叫声

一位拉美的经济学家访问印度尼西亚，被问到如何在90%的印度尼西亚人所生活的不合法社会部门中发现谁拥有什么财产。这位经济学家的回答机智而俏皮："倾听狗的叫声。"他告诉提问者说：我在稻田里漫步，并不知道各人田产的边界在哪里，但狗却知道。每当我穿过一个农场进入另一个农场，都有不同的狗在叫。狗也许不知道正式的法律，但很清楚它们的主人控制着哪一块田产。狗掌握着这个国家要建立正式的所有权制度所需要的基本资料。听到这番话，提问者若有所悟，"啊！"他们说，"Jukum Adat（人民的法律）！"（见［秘鲁］赫尔南多·德·索托：《资本的秘密》，第185~186页。以下援引该书只注页码。）

什么是“人民的法律”？它与国家的正式法律是什么关系？为什么90%的印度尼西亚人是生活在不合法的社会部门里？为什么国家不知道在那里谁拥有什么财产？这种状况意味着什么？为什么要建立正式的所有权制度？隐藏在这一系列问题后面的，是一个有关现代化和人类发展的故事。这故事不但涉及国家的兴衰，而且包含了无数个人和群体的奋斗、光荣与梦想。讲述这个故事的，就是文前提到的秘鲁经济学家赫尔南多·德·索托。

故事从冷战结束开始。柏林墙的倒塌，令全球资本主义的信心陡然高涨。所谓前共产主义国家，现在也纷纷加入发展中国家的阵营，寻求西方资本主义国家的指导和帮助。然而，几年过去了，资本主义的经济政策并没有为这些国家带来人们期待的富裕与繁荣，相反，腐败、动荡、贫富悬殊和社会不公令这些地方的人们对市场产生怀疑、反感甚至敌视。为什么在世界上的一些地方取得巨大成功的经济制度和政策，在另一些地方却不能奏效？是什么因素使一些国家和社会富有，而另一些国家和社会贫穷？这就是德·索托想要在这本书里探究的问题。

德·索托和他的研究小组观察和研究了亚洲、非洲和拉丁美洲的许多国家，他们发现了一个惊人的事实，那就是，前共产主义国家和发展中国家那些占其人口绝大多数的穷人其实并非一贫如洗。根据他们的估算，这些国家的穷人所掌握但并非合法拥有的房地产，其总值至少有9.3万亿美元。9.3万亿美元是个什么数目？它差不多是世界上20个最发达国家的主要股票市场里全部上市公司的总值，是1989年之后10年间所有第三世界国家和前共产主义国家所接受的外国直接投资总额的 20 多倍。那么，为什么这些人仍然是穷人？为什么他们的国家仍然与富裕和繁荣相距遥远？

谜底就在“掌握但并非合法拥有”这个令人迷惑的表述当中。那些地方的一个普遍现象是，穷人们掌握了数量惊人的资产，但他们并非合法地拥有这些资产。这意味着，这些资产没有合法地位，不能受到国家法律的有效保护；它们的来源可能含混不清，它们的边界没有被很好地界定，它们的性质也令人怀疑；它们因此不能被合法地抵押，也不能便捷地进入交易，更不用说在全国甚至世界范围里交易了。如此庞大的资产，用德·索托的话说，不过是“僵化的资本”，或者不如说，它们还仅仅是资产，而没有转化成为资本。而在德·索托看来，资产能不能转化为资本，正是现代经济能否发生的关键。

何为资本？为什么资本具有如此关键性的作用？按德·索托的说法，资本不是一块土地，资本也不是一座建筑，资本甚至不是任何形式的货币。资本是蕴藏在资产中的具有巨大生产能力的潜能。然而这种潜能是抽象的、无法触摸的。把这种抽象的潜能释放出来，使之转化成为某种确定的形式，是一个非常复杂的过程。在西方历史上，这一过程是通过一系列制度和机制的建立而最后完成的。而这些制度和机制中最核心的部分，便是德·索托再三强调的所谓正式的所有权制度。

根据德·索托的看法，正式的所有权制度有六个方面的重要功能。第一，它可以确定资产中的经济潜能。比如一所房屋，在自然的意义上，它不过是一个物理对象，但所有权制度却让人看到这个物理对象所具有的人类所赋予的各种经济价值。所有权是对这所房屋的法律表述，而不是房屋的照片。换言之，这种对房屋的表述是抽象的，是与作为资产的房屋分离的。它把这所房屋从其所处的自然空间带入到资本的概念性空间，从而使人们有可能由它潜在的经济和社会性质对之加以思考和描述。这样，资产（在这里是一所房屋）的创造性品质就被发掘出来了。

第二，正式的所有权制度能够把分散的信息综合于一。在发达国家里，分散和孤立的经济数据已经被成功地融合在同一套所有权制度当中。在标准化的管理之下，资产的潜能就变得容易评估，资产的交换更加容易，资本的产出则得以提高。

第三，所有权制度有助于建立起责任制度，从而保证交易安全。德·索托指出，西方国家的公民并非天生就尊重所有权和交易。这种习惯的养成是可执行的正式所有权制度出现以后的结果。因为正式所有权制度鼓励国民尊重所有权凭证、遵守法律和履行合同，相反的记录则会对个人信用产生不利影响。

所有权制度的第四个功能是使资产能够便捷而迅速地交换。这是因为，资产的表述令资产的经济特征区别于其自然状态，这样，资产便能被方便地组合、分割和调动，资产的交换也就变得简单易行。

第五，正式的所有权制度在西方世界创造了一个错综复杂的人际网络。这种意义上的所有权制度，并不简单地是一个保存所有权记录的系统，而是一个活动的网络。通过这个网络，资产能够得到更具价值的组合。

最后，公共管理部门和许多私营机构提供了有关资产的各种信息，帮助人们确认和追踪资产的状况，使人们能够安全地进行交易。德·索托强调，所有权制度特别注重对交易的保护，而不只是满足于对所有人物主身份的确认，这样就帮助人们去探索资产中的潜能，完成资本的实现。这一点正是西方国家取得成功的关键。

明白了资本同资产的不同，了解了正式所有权制度的重要性，我们对“僵化的资本”的概念就有了更深刻的理解，对发展中国家穷人“掌握但并非合法拥有”的巨大资产的性质也有了深一层的理解。这时人们自然要问，为什么那些人掌握的财产不能够被他们合法地拥有？为什么有许多人会在不合法的社会部门中生活？为什么会有那么多不合法的社会部门？是什么妨碍那些国家的穷人们进入到合法的制度中去？是他们缺乏法律意识吗？

德·索托的回答是，迅速的工业化和社会变迁令大批移民进入城市，而国家的法律并没有准备好接纳他们，为他们适应新的环境提供便利。旧制度或者干脆排斥这些新移民，或者要求他们为进入旧制度付出过高的成本，这两种情况的结果是一样的，那就是，为了生存，这些穷人只好在正式的法律制度之外开创自己的世界。这是一个庞大而且丰富多彩的世界。在那里，从垃圾回收到食品加工，从电器制造商到非法建筑公司，从城市边缘星罗棋布的违章建筑到生意兴隆的地下金融机构，可以说应有尽有。而且，这个世界里并非没有法律与秩序，只不过，它们是“人民的法律”——某种源于风俗习惯、临时补充办法和有选择地从官方法律中“借”来的规则的混合体。这些自发形成的协议虽然“不合法”，但是能有效地规范其成员的生活和交易，弥补国家法律保护的不足。它们由国家正式制度之外各式各样的群体、行业、组织和机构来实施，是人们赖以生活和工作的“社会契约”。（第 81 页）面对这样一个世界，那些国家的政府“唯一的现实选择是，要么着手把这些资源融进一个有秩序的、连贯一致的法律框架中，要么继续生活在无政府状态中，尽力和凌驾于官方法律之上的‘法律’展开竞争”。（第 22 页）

这似乎是一幅奇怪的图景。发达国家的人们可能觉得这样的社会不可思议，生活在这些社会中的人则可能对发生在身边的事情熟视无睹。很少有人意识到，欧洲和北美的历史上也曾发生过同样的事情，当时的人们也曾面临同样的选择，而正是因为当时的政治家、立法者和管理者们学会了与现实妥协，承认和吸纳了“人民的法律”，使法律适应了大多数人的社会和经济需求，才把他们的国家成功地带入现代经济。对 18 世纪和 19 世纪美国历史的回顾，构成本书最长的一章。通过“美国历史上遗漏的经验教训”，德·索托试图告诉我们，对于前共产主义国家和发展中国家的政府来说，繁荣与富裕的秘诀不在全盘接受发达国家和一些国际经济组织开出的药方，而应当像发达国家那些已经多半被历史遮蔽了的先驱们那样，根据社会大多数人的实际需要，并且在这些人所创造的“社会契约”的基础之上，建立起一套正式的所有权制度。

当然，要说发展中国家的政府完全无视穷人对财产的要求，或者根本看不到所有权制度的重要性，那是不公平的。实际上，一些拉美国家就曾制定专门的法律以保护穷人的财产。更不用说在前共产主义国家，私有化一直是改革的一项重要内容。问题是，这些改革和法律并没有取得成功。其原因就在于，那些旨在保护穷人财产的法律并不是基于“人民的法律”而制定的。换句话说，立法者并不知道人们真正的需要是什么。而要改变这种状况，制定出真正有效的法律，就要去“倾听狗的叫声”。为了把各种形式的所有权融入统一的制度，德·索托说，政府就必须了解各种地方性习惯的起源，了解它们的运作方式和它们的影响力。（第 186 页）这是一场革命，也是一个挑战。挑战既来自法律方面，也来自政治方面。

如果说，阻碍资产转化为资本的是所谓正式的所有权制度，那么，要把资本从资产当中解放出来，就必须改变现有的法律制度，使之容纳各式各样不合法的所有权形式，并把它们融合到一套标准化的所有权表述当中。毫无疑问，这是一个相当困难的工作。因为那些表现为不合法协议和社会契约的所有权形式是分散的、杂多的、不规范的甚至难以分辨的。只是坐在办公室里寻绎法律条文，人们永远也无法弄清楚那个复杂但是活生生的世界。然而，比这更困难的是，实现这一法律上的融合远不是一个技术问题，而是一项政治任务。欧美历史上的这类改革无不是精心策划的政治变革。今天，对于面临同样问题和挑战的国家来说，情形依然如此。因为旧的制度安排总是同某些既得利益联系在一起的。而且，旧的思想方法和习惯也会阻碍人们接受变革。所以，政治家必须运用其智慧和策略，克服现实中的种种障碍，使政府能够在大众的广泛支持之下，实现不流血的法律变革。

德·索托对世界的观察敏锐而有力。他在人们熟视无睹的地方发现了问题，他的发现则有令人猛醒的功效。不过，他提供的解决问题的方法同他认识问题的方法之间也存在某种紧张的关系。这种紧张再好不过地表现在他对于作为社会契约的“人民的法律”和国家正式法律的区分上面。

“人民的法律”源于社会契约，它们是活的法律，是现实的社会秩序的基础，也是国家正式法律制度的重要来源。它们虽然不具有国家的权威，但往往比国家的法律更有效。因此，国家的法常常向“人民的法律”做出妥协，而成功地吸纳社会契约，不但使国家正式法律能够持续地发展，而且令法律能够满足更大范围的社会需要，从而推动社会的发展。这是一种典型的法律多元主义思想。然而在另一方面，德·索托强调将形式多样的所有权融合到一套统一的标准化的所有权制度中的必要性。在他的笔下，西方发达国家都只有一种法律，那就是国家的正式法律。在那些地方，基于社会契约的“人民的法律”与国家正式法律之间展开竞争的阶段已经过去，统一的法律制度取代了分散的地方性的“法律”。正是这种转变帮助这些国家实现了现代化。在这里，德·索托似乎为我们提供了一个一劳永逸地解决问题的办法。问题是，假定他对于西方发达国家法律一元化的概括是恰当的，这种一元化的法律又如何发展呢？有了统一的标准化的所有权制度之后，社会契约就会彻底退出历史舞台，不合法协议与正式法律之间的战争就会永远平息吗？如果相信这一点，那就不啻是假定，正式的法律制度可以完全取代非正式制度，国家的法律具有足够的敏感度和灵活性，可以随时调整和改变其形式和内容以满足社会发展的各种要求。换言之，法律世界与生活世界可以合而为一。对于这样的假定，我们有理由表示怀疑。

当然，以其所关注的“前共产主义国家和发展中国家”当下的情形而言，德·索托的描述和建议无疑是切中肯綮的。而且，我们似乎也不应要求他思考和回答有关法律与社会以及法律发展的一般问题。尽管如此，我们不应当忽略德·索托思想中的紧张，因为它为我们提供了一个机会，去对法律与社会变迁的重大问题进行深入的思考。

对于中国读者来说，阅读德·索托将会特别有益。尽管除了几处涉及城市人口迅速增长的个案，德·索托没有特别提到中国，但他所描写的那个世界和他所提出的那些问题，无不是我们熟悉和感到困扰的。繁复漫长的官僚程序，过时和不合理的法律，迅速变化的社会以及制度与社会的脱节，得不到满足的社会需求，无法进入正式制度的人数众多的底层民众，众多不合法的社会部门，庞大、多样而且生气勃勃的地下经济，数量惊人的“僵化的资本”，不合法的协议与国家法律之间的竞争和冲突，制度上的特权阶层，腐败，权钱交易，裙带关系，贫富悬殊，对市场的不信任，社会不满和怨恨，思想僵化的官僚，迷信法律和醉心于完美法典的法律阶层，抵制进一步改革的既得利益者，等等。在这幅图景中，我们自然可以加入许多表明中国特色的东西，从而令整个画面看上去更加切合中国的实际，但是这种变化不会改变问题的性质。当然这并不是说，中国的读者可以在德·索托的理论中找到解决自己问题的灵丹妙药。毋宁说，我们可以从中学到的是一种富有启发性的思想方法。实际上，要了解中国的问题，找出解决问题的办法，需要的不是对任何一种理论的迷恋，而首先是对实践的尊重。它要求改革家、立法者、管理者和学者们走进现实的生活世界，不但用他们的眼睛，而且用他们的心灵，去“倾听狗的叫声”。

（[秘鲁]赫尔南多·德·索托：《资本的秘密》，王晓冬译，江苏人民出版社2001年版。）

权势者的名誉权

那天随政治大学法学院的 W 老师在台北地方法院观摩，出来已经是下午 4 点多。在附近一家咖啡馆小坐之后，她又带我去了 101 大楼一侧的那家诚品书店。

我没有打算买书，只是想在这个素有台北文化地标的地方随便走走，感受一下那里的人文气息。行至一处，书台上最显眼位置，赫然摆着这本《中国农民调查之等待判决》。不错，作者正是当年因为撰写《中国农民调查》而名噪一时的陈桂棣和春桃。《中国农民调查》出版于 2004 年年初，旋即被禁。不久又听说两位作者因为该书吃了名誉权官司，原告是书中写到的县委书记张某。县委书记的名誉权怎么讲？一部颇具社会批判力的作品在法律上将如何界定？处在作家和县委书记之间，法院当如何举措？这些都是法律研究的好题材。可惜后来没有再听到关于此案的消息。而眼前的这本书应该可以告诉我们后来发生的一切吧。我随即买了两本，一本赠予 W 老师。我说：你做法社会学研究，要了解大陆法律实况，应该读读这本书。我说得很肯定，并非因为事先已经了解了本书内容，我只是凭经验判定，这本书所讲述的，定然是法律与社会研究者们极感兴趣的东西。

我的判断没有错。但是读了这本书，还是发现有些东西是不读不知道的。

《中国农民调查》是一部以安徽农民和农村问题为主题的纪实文学，最初刊载于颇有影响的文学刊物《当代》，紧接着由人民文学出版社出单行本。此书甫一面世，便引起不小轰动，一时间洛阳纸贵，盗版猖獗。它之所以大受欢迎，不只是因为它以翔实的社会调查为基础，把所谓“三农”问题以纪实文学方式呈现于读者面前，也是因为两位作者秉有一种文坛已不多见的品格：真实、严肃、执着、尖锐。不过最终，这些让作者获得成功和赞誉的东西，也为他们招来种种麻烦乃至祸患，而这两方面的遭际，又每每有超出其想象者。比如，他们没有料到作品出版会受到各方读者如此热烈的欢迎，更不曾想到他们会因此荣膺“尤利西斯国际报道文学奖”的一等奖，又被美国《商业周刊》列入“二十五位走在亚洲巨变最前沿的先锋人物”，被《时代》周刊评为“亚洲英雄”。同样，他们纵然久经世故，却也想象不到，这场县委书记的名誉权诉讼会以如此方式进行，法庭之上暗藏玄机，官司后面迷局重重，而在等待判决的无尽日子里，他们的生活将无有宁日。

其实，这案子并不复杂。原告的诉状只有一页半纸，指控被告名誉侵权的部分不过三四百字。原告诉称，两被告撰写的《中国农民调查》中的一章，“漫漫上访路”，以原告任临泉县县委书记期间，白庙镇王营村村民上访一事为题材，其内容

> 不仅严重失实，胡编捏造，而且指名道姓地对原告的人格、形象进行丑化，对原告的名誉进行百般损害，如文中写到“临泉县县委书记张西德在那起性质恶劣的白庙事件中，负有不可推卸的责任，扮演了极不光彩的角色”；“临泉县拒不落实中央农民减负的政策”；“对党的政策阳奉阴违”；“提到张西德……五短身材，讲话爱挥手……可他一到脱稿讲话时，就没了一点文雅气，说得话跟个粗人没两样”。一次会议上，讲计划生育不准超生时，张西德挥着拳头信口开河道：“我宁要七个‘坟头’，不要一个‘人头’。”等等。（陈桂棣、春桃：《中国农民调查之等待判决》，第34~35页。以下援引该书只注页码。）

据说文中此类侮辱、诽谤、贬损、丑化原告名誉、人格的内容，“多达二十三处”。针对这种行为，

> 原告作为一名老党员，一名经过上级各级领导考核

> 并没有错误的合格干部,决心拿起法律的武器,向人民法院提起诉讼,为自己、为临泉县委、县政府及相关机关讨回公道……(第35页)

原告诉状的这一段话可圈可点,意味深长。单从法律上说,确定原告是以普通公民身份还是县委书记身份起诉,涉及原告的诉讼资格问题;而判定涉案作品所针对的是个人行为还是职务作为,不但影响举证范围,还将左右法庭辩论的重点和判决理由。但是原告摆出的这种姿态显然不是着眼于法律之中,而是意在法律之外。其实早在《中国农民调查》在《当代》刊出之后,成书之前,原告即带同一名检察官到人民文学出版社,要求杂志社和出版社采取措施,为其恢复名誉,其指控材料的落款则是其现任职:安徽省阜阳市政协副主席。这些都预示着,包括出版社在内的被告将面对双重挑战:法律的和非法律的,更确切地说,一类是以法律的名义,另一类则是任何其他形式的压制性力量:规劝、威胁、制裁、暴力,公开的和隐蔽的,直接的和间接的,物质的和精神的。其实从源头上讲,两者并无不同,当故事一步步展开,这两条线索总是密切交织在一起的。与这两条线索相交错的,还有明、暗两条线。本书所记,多是作者亲身经历的法庭故事,这些是明的部分,但是读者想要求得有关这些故事的合理解释,恐怕就不能不时时保持对一个非法律、非正式甚至是晦暗不明的世界的想象。

针对原告的起诉,被告方的第一个回应是向受案法院——阜阳市法院——提出"管辖权异议",理由是,原告之子张某现任该法院法官，而原告本人现任该市政协副主席，属市“五大班子”领导成员。更重要的是，本案之关键，即涉案作品写到的“白庙事件”，不但发生在阜阳市辖下的临泉县，而且当年对该事件的“定性”，正是由当时的阜阳地区政法委组织包括阜阳市中级人民法院在内的“公、检、法”三家“联合调查”后作出的。为保证对本案的公平审理，被告方请求将案件移送至除阜阳和合肥——被告居住地——以外的本省任一中级人民法院审理。

阜阳市中级人民法院驳回了被告方的请求。被告方转而向省高级人民法院提出上诉，上诉也遭驳回。省高级人民法院的《裁定书》（皖民一终字第一百三十七号）写道：“上诉人关于本案不宜由原审法院审理而应由被告住所地人民法院管辖的上诉请求，法律依据不足，理由不够充分，本院不予支持。”这一裁决令被告人如坠云里雾中，因为他们并没有“请求”案件由“被告住所地人民法院管辖”。而《裁定书》关于被告方“上诉理由”的“转述”——“为慎重审理此案，该案应由被告人所在地人民法院管理”——干脆就是《裁定书》作者的杜撰。另一件让被告方百思不得其解的事情是，《裁定书》落款日期是 2004 年 5 月 8 日，而省高级人民法院寄出该《裁定书》的挂号信邮戳日期是 2004 年 4 月 18 日。更让人想不到的是，省高级人民法院的《裁定书》并未按时送达被告及其律师，而阜阳市中级人民法院紧接其后发出的“交换证据”通知，直到指定日期的 5 天之前，被告方一位律师才由香港《南华早报》一名记者那里间接得知。有了这样的开始，官司后面的艰难也就不难想见了。

第一次“证据交换”安排在 2004 年 6 月 25 日。此前原告方并未就其诉讼请求提供相应证据，“证据交换”当日，原告律师携大包材料到场，但是拒绝向对方律师提供，因为“证据太多，复印费太贵”。（第 184 页）就在这种情况下，审判长突然安排证人出庭作证，当然，都是原告方证人，7 人均为“领导干部”。（第 184 页）被告方律师抗议无果，只好匆忙应对。

第二次“证据交换”是在 7 月 8 日。这一次被告方有备而来。但是那天，被告方证人被拒之门外，记者也被逐出法庭，而最让被告们惊愕和不可接受的是，当其律师呈上 21 份书面和音像证据想要逐一说明时，审判长即表示，除省、地两级党政联合调查报告外，其余证据概不接受。这意味着，被告方提供的 21 份证据中，只有 1 份可以被认可。法庭的理由是：“二月二十三日是双方提供证据的最后期限。”（第 233 页）但是这个理由并不充分，因为在此“最后期限”确定之前，被告即已提出“管辖权异议”，从而导致诉讼期限中断；而且，在此最后期限之后的数个月间，原告方始终没有提交和展示任何证据，以致被告方无从针对其诉讼依据准备相应的证据。经被告方据理力争，审判长请示法院领导后，允许被告方提交证据，但要求这些证据只能是针对原告方证据的“反驳证据”，且须通过法院审查。这样一来，就有了第三次“证据交换”。

对被告方来说，增加一次“证据交换”将带来巨大的负担，因为他们的证人均为当地农民，其中一些重要证人还在外省城市务工，要联系到这些证人并在指定日期把他们集合到法院，所花费的时间、精力和金钱均甚可观。不用说，来自合肥和北京的律师，虽然都是义务代理，但其旅费及食宿费用还是要被告负担的。然而，就在25天之后的这次证据交换时，被告们发现，他们又一次的顽强努力竟然是徒劳的。面对被告方精心准备的书面反驳证据和证人名单，法庭宣布，为节省时间，证人不出庭，只安排原告代理人针对书面证据质证。不仅如此，法庭还宣布，原被告双方只能就涉案作品的具体描写是否存在损害原告名誉和丑化其人格提供证据、进行质证和辩论，而不得牵扯到“白庙事件”。（第262页）这一限制犹如釜底抽薪，抽去了被告方抗辩的基础，也令这最后一次“证据交换”了无意义。

8月24日，张西德诉陈桂棣、春桃及人民文学出版社名誉侵权案在阜阳市中级人民法院正式开庭审理。这次审判历时4天，时间之长，据说为该院民事审判所仅见。对这场审判的记述，是本书最长的一章。法庭上的唇枪舌剑，风云变幻，颇为可观。原告系当地权势人物，为其出庭作证者，大多是原告当年的下属，其所出示之书证，亦多半为官方文件；被告方是外地作家和出版其作品的出版社，他们的证人清一色地是当地农民，证人证言及书证，亦出自这些农民。这种对决，大可玩味。庭审的程序，对被告方仍然不利。比如在能够容纳一二百人的审判庭里，只分配给被告方25个旁听名额，其数目与原告方的等同。多出的名额多由当地政府机关及法院人员使用。又如，在质证过程中，原告方5名核心证人，无正当理由拒不出庭，只出示证言供法庭采用。而4天的法庭审理，只有最后一天留给被告方举证。尽管如此，当法庭调查和辩论于当晚9点多钟全部结束之时，形势却明显地变得对被告方有利。当时参加旁听的《华盛顿邮报》记者这样写道：

> 庭审结束的时候，两位作家仍然坐在被告席上，但张西德……却好像成了真正的被告！（第436页）
>
> 庭审结束，原告方拒绝接受调解。原定的当庭判决，最后改为“择日宣判”。（第425页）

“择日”最初的意思是9月，之后变成10月，后来是11月，再后来干脆等于遥遥无期。在等待判决的日子里，发生了许多事情，这里提到的两件，一件与案子有关，另一件与两位被告即本书作者的境遇有关。先说第一件。

两位作者回到合肥不久，便有省、市政法及宣传部门领导，或直接上门，或通过其律师，劝其调解结案，有时，言辞之间还暗含威胁之意。问题是，原告明白表示不接受调解，被告方此刻也别无选择。不久，两位作者获悉，阜阳市中级人民法院委派一位副院长带队专程前往北京，与人民文学出版社商谈“调解”事宜。法院方面谎称原告和两位作者均已同意“调解”，同时希望人民文学出版社对原告予以一定金额赔偿以了结此案。此议未获成功，法院又派员赴合肥，找到被告方代理律师，诈称原告与人民文学出版社均已接受调解，希望该律师做两位作者的工作。此举也遭拒绝。在此之后，时而有坏消息传来，如说有人在省高级人民法院看到阜阳市中级人民法院上报的判决文书，被告方被判赔偿原告“精神损失”甚巨，又说有人在阜阳市中级人民法院亲耳听闻有此判决。不过这些消息始终未获证实。后来，一则迟来的消息让两位作者大为惊讶。消息的来源又是香港《南华早报》记者。这个消息说，作为本案被告之一的人民文学出版社已经赔付原告张西德人民币 5 万元，而且这已是半年前的事了。两位作者赶紧联络出版社方面的代理律师，消息居然得到证实。此事始末外人不能尽知，大体情况是，此一名誉侵权案惊动中央高层，得到批示（内容不详），后最高人民法院直接介入，通过出版集团向出版社施压，且作风强悍，不容置辩。问题是，此案未经判决，原告也未撤诉，出版社的“赔偿”所为何来？两位作者仍觉得此事难以置信，又通过律师询问当年的审判长，得到的回答是：“案子还在。”在法律上这意味着，两位作者仍须等待判决。

至于两位作者的境遇，读者可以看到两种完全相反的情景。一方面，两位作者因为涉案作品，更因为这桩案子和他们在其中的表现，受到国内大量读者和职业人士的关注、支持，海外媒体的关注和各种荣誉也接踵而来。但是另一方面，他们在当地政府——不只是原告所在地政府——的眼中，显然是不受欢迎的人物。2005 年某日，一位新上任的省大员，下车伊始接受媒体采访，就对《中国农民调查》提出公开指责，说这是“一本很不好的书，给安徽人抹了黑”。（第 460 页）在中国语境下，这种表态对两位作者产生的压力，以及对悬而未决的案子的不利影响，可想而知。因为是公开批评，此事也引起广泛关注。不久，有海外媒体找到两位作者要求采访，他们不得已表明立场，为自己作了辩护。然而就在这个采访录音播出后的第三天，两位作者立即交上新的厄运。就在那天，他们在《新安晚报》连载的作品突然停载，而他们在一处政府大院里的住宅也遭到来自墙外马路上的砖石的猛烈袭击。袭击者是一个不明身份的年轻人。两位作者报警，但是隔了一夜，肇事者又回到现场，继续向其屋内扔掷砖石。两位作者被警察告知，此人是“精神病人”，而“精神病人就是杀了人，我们也没办法”。（第 468 页）两位作者要求物业出面，又请媒体朋友帮忙，均无功而返，只好携幼子往朋友家避难。砖石之难没有因为受害人的躲避而停止，直到 20 天之后，此事经香港《亚洲周刊》大幅报道并经众多海外媒体发布消息，“精神病人”才忽然消失。经此一难，两位作者猛然醒悟，这样的游戏他们是玩不起的。于是，他们只好离开合肥。当然，作为省作协的作家，他们还是“国家”的人，不能完全脱离体制，而且，就算出了体制，出了安徽，他们不还是在中国吗？只要他们还想保持严肃思考并且有所作为，就包括写这本《中国农民调查之等待判决》，他们就无法摆脱所有这一切，就不得不继续那个他们玩不起的游戏。（参见书末“补记”）

回到前面的问题：关于中国法律实况，这个案子告诉了我们些什么？显然，从法律内部来观察，这个关于名誉权诉讼的故事是无法理解的，甚至是荒谬的。因为它自始至终都不简单是一个法律问题。然而这又确实是一个与法律有关的故事，也就是说，它离开中国现行法律也是无法理解的。从历史角度看，前县委书记、现政协副主席“拿起法律的武器”来保护自己的“名誉权”，这件事本身就值得玩味。因为放在 30 年前，县委书记直接以党的名义对批评者进行专政就好了，哪里需要如此周折？自然，那时候也不会有《中国农民调查》，更不会有出版社出这样的书。而一旦县委书记们放下“专政工具”，“拿起法律武器”，那就表明法律开始有了“专政工具”以外的某些含义。所谓名誉权，作为一种权利而非权力的概念，其出场即足以表明时代的变迁。

不过，通过这个案子，我们也看到，县委书记的名誉权具有另一种含义，一种法律上没有但是权势者力图赋予的含义。而且事实上，不但在本案中，而且在其他许多场合，法律确实或多或少地成了权势者的工具。那么，法律还有什么意义？所谓“时代的变迁”，又到底变在哪里？的确，在一个立法猛进、诉讼暴增的年代，权势者们开始越来越多地用“法律的武器”来宣示其权力、巩固其地位。但是，法律已非权势者能够完全垄断。无权势者、非权势者乃至反权势者也可以运用法律，而且，即使在现实中受挫，他们仍然可能因为具有法理上的正当性而胜出。而他们对法治的诉求，不仅可以加强他们在具体案件中的主张，还可以当作范围更加广泛的社会批评和改革要求的依据。比如本书写到《中国农民调查》遭禁，继而在全国所有报纸、杂志、广播、电视中销声匿迹一事，诉说了作者的“苦闷”：

> 没有人告诉我们为什么要这样做，甚至不知道究竟是谁要这样做，看不到有关此事的公开文字，这样的封杀依据的又是什么样的法律条文？如果按照中国行政法的规则，这样的封杀无疑已经是一项具体而又明显的行政行为，就是说，利益受到影响的相对人倘若不服这样的决定，是可以要求做出决定的上级机关行政复议的，对复议决定仍然不服，还可以向法院提起诉讼。（第170~171页）

两位作者没有受过何种法律训练，也不是法律业余爱好者，但是在本书中，他们引述法条，阐述法理，总是义正词严，侃侃而谈。因为对他们来说，白纸黑字写下来的法律就是“武器”，而且差不多是他们唯一的“武器”。相反，对权势者来说，尽管他们在法律的实际运用上占有种种便利，但是这种便利往往是以对“法律”的限制、歪曲和滥用为代价的。而这可能意味着，他们在这样做时也要付出某种代价：法律运作失去正当性，或者更直接地，权势者不能一手遮天，为所欲为。比如就本案而言，诉讼过程的决定性因素，并不是只有权势者的幕后运作，还有国际媒体的介入，而这种介入与法律本身有关，因为法律规定了公开审判原则，审判的公开性又因为媒体的介入而在一定程度上得到保证。没有这一点，本案的结局定然是另外一个样子。当然，法律规定本身尚不足以保证程序的公开性，比如，关于本案，一个极具新闻性的题材，国内媒体就不能参与采访和报道。但法律毕竟提供了这种可能性。在一个封闭的年代，不会有这样一种法律；而在一个全球化的时代，这种法律的实现也多了一种途径。凡此种种，无不标示出我们这个时代法律与社会矛盾而又变动不居的微妙特征。

（陈桂棣、春桃:《中国农民调查报告》，人民文学出版社 2004 年版。

陈桂棣、春桃:《中国农民调查之等待判决》，发言权出版社 2009 年版。）

迟到的正义与司法为民

离开台北前，S 教授请吃饭，聊天时，我提到之前观摩台北“地方法院”的印象，并把一些不解的问题拿来向他请教。于是，话题便围绕我国台湾地区司法制度展开。S 教授不但是资深的法律学者，学养深厚，视野开阔，而且对司法实务也有深入的观察和了解。经他解释说明，我国台湾地区司法制度的运作方式及特点在我心中立即变得清晰可辨了。

谈话中，S 教授提到一本新近出版的报告文学。书根据真实案例写成，对我国台湾地区司法制度中存在的问题多有揭露。他说要把那本书送我。隔日，S 教授差人把书送来了。除了那本报告文学：《流浪法庭 30 年！台湾三名老人的真实故事》（以下简称

《流浪法庭 30 年》)，还有上一年的《司法统计年报》。年报由“司法院”编成，厚厚一册，内中详列各项司法统计数据，从机构人员到各类案件的收、结案数，巨细靡遗。S 教授说，这些数据可以帮助我了解我国台湾地区司法的概貌。

两本书摆在我面前：一本统计年报，一本报告文学；一个是数据的堆积和罗列，枯燥但是客观，一个是真实生活的重述，生动而感人。二者风格迥异，讲述的故事也大不相同。然而，它们描摹的，其实是同一个对象，或者更确切说，是同一对象的不同侧面。S 教授送我这两本书，不就是因为它们涉及的是同一个主题吗？不过，将两本书翻阅之后，我发现，在揭示同一个故事的不同侧面之外，它们之间表面上的鲜明对照和强烈反差本身，也是这个故事中耐人寻味的一部分。

就如其书名所示，《流浪法庭 30 年》讲述的，是三名“老人”在司法长河中沉浮，长达 30 年始得上岸的故事。当年，这三人均为我国台湾地区第一银行高级职员，因一桩金融弊案而被控罪和定罪，但他们自信无辜，不服所判，坚持上诉，直至被宣告无罪。只是，他们当初无论如何也不会想到，实现正义的路途竟会如此艰难和遥远。案发时，三人正当壮年，至三审定谳，还其清白之日，三人垂垂老矣。当年金融界的精英，社会栋梁之材，因为此案，不但大好前程付诸东流，理想和尊严也不能保全，原本光明向上的人生，一夜之间，变成一场看不到尽头的绝望挣扎。而他们没有溺毙“河中”，能够活着“上岸”，目睹正义到来，实属幸运。看到这里，读者或许要问，我国台湾地区司法制度如何设计，三个审级走完，竟要耗去30年的光阴?

这事说来简单。我国台湾地区司法,实行三审终审制,“地方法院”一审判决之后,原告或被告不服,可以上诉至“高等法院”;“高等法院”二审判决之后,原告或被告不服,还可上诉至“最高法院”。“最高法院”为终审法院,案子到了那里,可能的结果有三:一是驳回上诉;二是改判;三是撤销原判,发回重审。这三种结果的前两种,判决生效之时,案子也就终结了。唯有第三种情形不同。案子发回重审,称为更一审,更一审的判决仍可上诉,若上诉又被裁定发回更审,则“高等法院”就要进行更二审。更二审后面,还可能有更三审、更四审,如此“更”下去,直到“最高法院”将上诉驳回或径自改判为止。这本书所写的案子,经“最高法院”发回更审凡12次,即在“高等法院”经历了“更十二审”之后,才最后完成,所以历时久长。

这个解释简单清楚,但是恐怕仍不能令人满意。人们可能会问:“最高法院”为什么屡屡将案子发回更审,这案子就那么复杂难解,必须“更十二审”才能查清?(真的查清了吗?)再者,本案在“高等法院”有十三审,在“最高法院”也有十三审,加上最早地方法院的一审,前后共二十七审,经手的法官多达107人次,投入之巨,令人咋舌,如此巨额成本是必须的吗?还有,在当事人及其家庭,如此耗时费力的官司完全是一场灾难。法谚有云:迟到的正义不是正义。对本案当事人来说,这姗姗来迟的正义虽然不能说全无意义,至少打了大大的折扣。毕竟,他们为此付出了整个后半生。如此高昂的代价真的是不可避免吗?此外,本案之所以屡屡被发回重审，是因为有重大事实没有查清，既如此，历次更审为何不能彻查案件，将所有疑点一一排除？再退一步说，即便更审无可避免，为何不能缩短案件往复周期，一次结束这场于公于私都难以承受的马拉松式诉讼？

类似问题还有许多，而对每一个问题的回答，又都可能引出新的问题。其实，这本书的作者当初就是抱着和我们同样的困惑，通过本案和其他个案，一步步深入我国台湾地区司法制度，把看似合理的制度导致荒谬结果的内在机制与矛盾揭示给公众。

比如，我们看到，在我国台湾地区司法史上，本案虽属特殊，但是并非孤例。据作者编制的表单，1966 年至 2005 年，40 年间，全台司法审判耗时超过 10 年的案件计有 28 件，其中，本书着力记述的“第一银行案”，用了将近 30 年方才定案，历时最久。不过，若以更审次数论，这个案件还不是第一。1974 年遭起诉的“华定国弑母案”，历时 11 年，经历了“更十八审”方才定案，创下更审次数最多的纪录。（本书第 354~355 页）

好在，类此案例并非常态。根据作者据“司法院”年报所作的统计，1995 年至 2005 年，我国台湾地区各级“法院”审结一案所需日数，平均下来，一审刑事审判在 58~101 天，民事审判时间略短；二审刑事审判在 66~92 天，民事审判则在 105~140 天；三审费时最短，刑事与民事审判分别在 21~44 天和 37~61 天。有学者评估，这样的效率，在世界范围内也可排在中上位置。然而，平均化的数据并不能抹杀个案中存在的问题。这些问题的存在，不但可能伤害到当事人，对社会亦足产生破坏性的影响。因为，它们并非产生于偶然，而有着制度上的根源。就以本书所写的“第一银行案”为例。

该案之所以一再被发回更审，一个重要原因是二审没有厘清与案件有关的若干重要事实。比如，“最高法院”于第5次发回更审时明白指出该案卷宗里的附表字迹模糊，要求二审“法院”予以改正，但是自1988年的“更五审”，到1999年的“更十一审”，前后7次更审，21名法官，均未对此作出回应。这大概是因为，改正附表需要查阅、核对大量数据，况且“更五审”距案发时已将近10年，查证工作殊为不易。实际上，后来“更十二审”的法官决心终了此案，带领助手查阅尘封已久的原始档案，花了一年时间才将附表问题解决。

关于案件久拖不决的原因，作者还提到一个情节：2005年11月“更十二审”判决三被告无罪之后，检察官提出上诉。当时本书第一部分即将付梓，作者很想把检察官的上诉理由写入书中，但是等了几个月却一无所获。“检察官声明上诉后，几个月交不出上诉理由，是不是‘检察系统’的常态，合不合理？”作者拿这个问题去问司法界资深人士，所有被问者均表难以置信。作者问：检察官撰写上诉理由有无法定时间限制？得到的回答是：在收到判决书10日之内，不过，依据法律，检察官亦可于上述时间内提出上诉声明，上诉理由再行补送。问上诉理由补送有无时限，回答有，“最高法院”判决之前。作者不解：不知道上诉理由，“法院”如何审判？答曰：“法院”仍可根据卷宗审理案件。作者转去“高等法院”询问是否已将卷宗送交“最高法院”，却被告知卷宗仍在检察官手里，且“高等法院”四度发函催还，均无结果。作者问有何办法取回卷宗，答曰通过司法途径。再问法律有无规定检察官返还卷宗的最后时限，答曰没有。作者苦苦等待检察官的上诉理由，历时半年，这时方才意识到，等待戈多的不只是他和三个老人，整个审判体系都在等。（详见本书第35章）

二审不能查清事实，检察官不能及时返还卷宗和写出上诉理由，这些，都成为拖累案件审判的缘由，而担任三审的“最高法院”为控制审理负担所实行的“限量分案”制度，更是加剧了此种事态。所有这些现象都直接、间接地与一个事实有关，那就是，审判人员数量的增长，远不敌案件数量的增长。作者在书中引述大量数据和实例，描写了重负之下法官们疲于奔命的工作和生存境况，读之令人动容。自然，实际情况更加复杂，造成审理延迟和影响判决质量的因素还有许多，包括案件的性质和构成，法官的能力、经验和操守，案件侦查和起诉的质量，甚至还有法律的良窳，立法机构的工作效率。所有这些因素彼此联系，环环相扣，构成了书中所揭示的种种问题生成的背景。这些问题的存在，直接影响我国台湾地区司法在民众心目中的公信力。

S教授曾于1985年和1995年两度进行问卷调查，发现我国台湾地区司法虽然在不断改革，但其公信力在民众心目中的位置却日益低落。比如在被问到“如果涉及刑案，你是否会相信‘法院’的裁判是公正的？”时，前一次调查，台北市表示相信的人有19.4%，台北县有22.5%，后一次以全台湾地区为调查对象时，这个数字就降至7.2%。（参见林端：《现代性、法律和台湾社会》）就是在此背景之下，司法改革再次成为朝野双方的共识和努力目标。1999年，大法官翁岳生在其就任“司法院”院长的仪式上提出五大施政方针，其中，“实行司法为民的理念”列在首位。此后在不同场合，翁岳生屡屡言及“司法为民”，其有发言记录可查者，据本书作者统计，达28次之多。然则，何为“司法为民”？据翁氏本人阐述，就是“司法是为人民的需要而存在”。作者又引翁氏上任之初致全体法官信中的话阐明此意：“您我案头的任何一个决定，就是人世间公平、正义的一部分，这是我们的责任，也是我们的荣誉！”（本书第142页）

上面这个情节里，最让我感兴趣的，无疑是“司法为民”那句话。因为在过去近10年里，海峡这边司法界喊得最响的，也正是“司法为民”这个口号。同样4个汉字，其外在的背景，内里的含义，有异，有同。微妙处就在这同、异之间。

后来一次在北京的清华大学法学院演讲时，S教授总结我国台湾地区司法制度发展历程，其概括如下：1945~1979年为“专业化”时期，其特点为自上而下地提供和改善司法品质，用我们熟悉的话说，这是司法职业化的阶段；1979~1994年是他所谓“特殊化”时期，这一时期，存在于司法中的贪腐问题得到解决，如今，我国台湾地区基本不再受此问题困扰；1994~1999年是所谓“独立化”时期，其主要标志是通过1997年的“修宪”，为独立的司法预算提供保障；1999年以后，司法进入“社会化”时期，此所谓“社会化”，主要是着眼于专业内部的改革，旨在破除狭隘的职业和阶级利益，提高司法对社会的负责程度，“司法为民”之说也由此而兴。S 教授当年就以“司法改革的再改革”为题写成一书，对囿于法律专业视角的法律改革提出批评，他说：“司法的本质，是一种满足人民正义感的仪式。”现代社会的法律，作为一种高度分化的制度，固然有其专业上的正确性，但是这种正确性不是唯一的。司法必须得到人们的信赖，否则“就失去了存在的基本价值”。（本书第 148 页）这可以看作 S 教授对“司法为民”理念的诠释。

司法要服务于人民，满足人民的需要，得到人民的认可和信赖，照这样理解，两岸所言“司法为民”应当相去不远。然而，两岸司法制度正处于发展的不同阶段，法律与社会互动的方式也有所不同，“司法为民”一语在不同语境中的具体含义不尽相同。其实，主张司法为民所用，司法服务于民，在我看来，这样的理念并无不当。要问的问题是，怎样才算是司法为民？如何才能做到司法为民？是坚持群众路线，还是走专业化的路子？是听从党的领导，还是只忠实于法律？是一切为政治服务，还是坚持法律的自主性？怎样的制度安排能够保证司法的廉洁、公正和效率？什么样的司法制度更能满足社会发展的需要，得到大多数民众的信赖？在思考这些问题时，我们可以发现，《流浪法庭 30 年》所揭示的我国台湾地区经验，在有些方面足资借鉴。

比如，无论在我国台湾地区还是大陆，“司法为民”都是弥足珍贵的理念，而要坚持这样的理念，至少要满足一个条件，那就是让司法制度接受民众的检验和评判。为此，保持司法制度的公开透明，资讯开放，允许对司法、法律以及其他制度的自由探究和批评，尤为重要。

说到司法与政治的关系，这可是古老而常新的话题。过去，甚至现在，许多人相信，法律，当然也包括司法，可以完全与政治绝缘。不仅如此，他们坚信，一个社会的法律只有自足自立，彻底摆脱政治影响，才算是现代的，那时才有所谓法治。然而，世界上许多发达法律制度的经验，却证明这种信念是一种天真的想法。台湾地区的经验就表明，司法的专业化，进而法律的自主性，虽然为现代社会发展所需要，但是这些目标的实现，并不能解决所有问题，包括法律自身的问题，甚至，法律与政治关系的问题，也不会因此而消解。其实，“司法为民”的主张，本身就包含有政治意味。在那次清华法学院的演讲中，S 教授也提及这个令人困惑的问题。他指出，“审判独立”为法治所必需，固然无可避免，但是司法与政治绝缘，也导致其对社会的疏离甚至不负责。这时，政治化的冲动又开始涌动。当然，这是一种广义的政治化，在这个阶段，简单的外部干预已经被排除在外，但是，司法之外尤其是狭隘的专业外的考量会得到某种承认。

这是什么？法治时代的司法政治化？这种看似自相矛盾的表述若能成立，那复杂微妙的情态应当如何理解，其中的分寸又当如何拿捏？《流浪法庭 30 年》中写到的一个案例和一段对话，给我们提供了一个颇具启发性的思考方向。

2005 年 8 月，我国台湾地区“高等法院”就一民事侵权案件作出判决，引发社会巨大反响。该案中，某高中陈姓同学，抱患有成骨不全症（俗称“玻璃娃娃”）的颜姓同学去上体育课时，因楼梯湿滑跌倒，致颜同学死亡。之后，颜同学家长向“法院”提起侵权之诉，要求该学校及陈姓同学给予损害赔偿。一审法官认为，陈同学热心助人，且无证据证明其有故意或过失，因此判决原告败诉。但在二审时，“法院”认为侵权成立，判决该校及陈同学共同赔偿颜家计新台币 300 多万元。此判一经宣布，社会哗然，质疑、批评之声蜂起。有人指法官这一判决来自“黑暗星球”，有人担心此一判决将摧毁社会价值与善念；教育界因为不知今后该如何教导学生助人而苦恼，宗教界为这样的判决会伤及社会温情而不安，至于社会上其他“玻璃娃娃”的家长，则担心将来没有人再敢帮助他们的孩子。最后，社会上批评的矛头甚至指向痛失爱子的颜家，令其伤痛之余，鸣冤不止。作者认为，在这一事件中，原告、被告及司法三方都成了输家。（本书第 149~150 页）

类似这种道德和法律的困境我们并不陌生，特别是，这种困境的形成既是现代社会生活的一部分，同时又和华人社会的儒家文化背景有关。面对社会舆论压力的二审法官阐明其法律人的立场时说：“一般人考虑情理法，法官看到的是法理情，要把法律摆在第一位，不能用情感审判、昧于法律。”同时他也承认：“没料到判决会造成社会那么大的冲击。”（本书第 150 页）这句“没料到”，不但道出了法律与情理、司法与社会、法律正义与民众经验和感受中的正义之间的落差与隔阂，也暴露出经由移植途径建立现代法律制度的华人社会所面临的特殊困难。部分因为存在这样的落差与隔阂，司法的公信力才成为问题，“司法为民”的主张才显得重要和必要。那么，怎样做才能够弥合这一落差，消除这一隔阂，实现“司法为民”的理念呢？作者给了两个字：良心。（详见本书第 20 章“良心超越法律”）这个回答看似虚玄，放在具体语境当中，却也不是无迹可循。2007 年 8 月 23 日，历经“更十二审”的“第一银行案”，终于在“最高法院”终审定谳。作者仔细研读这份终审判决，并与历次判决相比照，发现作出无罪判决的“更十二审”并没有解决之前已经“最高法院”指出的所有问题，甚至其无罪裁判在个别问题上“不无疏漏”，但是，“最高法院”却有意放过这些原本能够让它将案件再一次发回更审的问题，转而采取一种严格的法律审立场，以检察官的上诉理由不合法律规定将其驳回。为什么会这样？作者在第二天《中国时报》的相关报道里找到了答案。这则新闻稿指称，合议庭认为本案缠讼近 30 年，被告已受相当折磨，案件没有发回的实益，因此维持“更十二审”无罪判决。作者的解读是：“三名老人历经近三十年的折磨，终于唤起法官的良心：是法官的良心超越了法律，才得以终结此案。”（本书第 278~279 页）

在这本书的另外一处，作者记述了时任台北市“市长”的马英九 1999 年同法鼓山创办人圣严法师讲论佛法与司法关系的一段对话。圣严法师说：“执法一定要有慈悲心与智慧”，因为“法律是死的，人是活的，如果没有以慈悲心来执法，可能就因为执法反而伤及更多人，而使社会更乱；如果没有以智慧来执法，判断也可能会错误”。他认为，应从心灵的观点来谈法律，心灵的观念和法治的观念应当互相配合与融合。“从制定法令、执法、守法，都要看有没有智慧，有没有慈悲心。”对此，法学出身、曾任我国台湾地区“法务部”部长的马英九回应说：“执法的目的是要维护公平正义”，“在执行法律的时候，特别需要有慈悲和智慧，才能够拿捏得恰到好处”。他同时又感叹，我国台湾地区的法学教育，欠缺人文的熏陶和濡染，“四年的法律科系训练出很多法律专业人才，但却没办法真正养成足够的智慧跟慈悲，往往只有在做了法官、检察官、律师之后，靠着自我的觉察和反省，才知道要培养人文素养”。两人最后以河流作比喻，认为法律与行政一类工作是在下游，人们的心灵则在上游，那里是宗教的天地。（本书第 253~254 页）

心灵与司法，宗教与法律，这又是一个古老而常新的话题。现代社会发展，人类科技日新，并不能把这些问题消解于无形。相反，现代社会分工细密，制度分化，形式理性化程度不断提升，每每造成心灵与制度二者间的脱节，并将其中的紧张关系凸显出来。《流浪法庭 30 年》的故事是一个事例，“玻璃娃娃案”是另一个事例。前者是由高度分化、专业和规范的制度中“合理”产生的荒谬结果，后者则是职业的价值观、正义观与常人的价值观、正义观相悖乃至冲突的显现。这两种情况都损害了法律的正当性和司法的公信力，削弱了民众对法律的信任。要改变这种状况，单凭制度不够，因为制度由人建立，靠人执行，为人而存在。孟子云：徒法不足以自行。耶稣说：律法为人而定。这并不是主张法律可以为了人的需要任意改变，而是说，只有把仁、爱、慈悲、良知灌注于立法、执法、用法的各个环节，只有用心去领会法律的精神，冰冷的法条才有温度，非人格的制度才有生命，我们生活于其中的世界才会变得可爱。

我们不妨在这样的意义上去理解“司法为民”。

（江元庆：《流浪法庭30年！台湾三名老人的真实故事》，报导文学出版社2008年版。

林端：《现代性、法律和台湾社会》，载黄金麟等主编：《帝国边缘：台湾现代性的考察》，群学出版有限公司2010年版。）

弱者的武器

那年在香港中文大学讲授“中国法制史导读”，班上的一个“老学生”给我印象最深。本来，这门课是所谓“公众历史”（Public History）课程，面向社会，有教无类。班上同学，大约一半来自本校，有本科生，也有研究生；另一半来自社会，系在职修读硕士学位的成人，年龄参差不齐原属常态。不过，这位“老学生”的与众不同不只在其年龄。

原来，这位 W 同学供职港府多年，刚从政务官高位任上退休，不知是为了了却宿愿，还是要规划新人生，总之，决定走进大学课堂，和一班年轻人共处一室，研习学术，修读学位。还在赴港之前，我就收到一位选修此课的同学来函，询问课程相关事宜，特别是关于课程论文的安排。后来见面，知道就是这位比我还年长的 W 同学。香港政务官素以训练有素、工作干练闻名，这位退了休的 W 同学，其认真、进取和学习能力，也确实是在众人之上。W 同学上课极认真，而且从不缺课。每人一次的同学报告，多数人普通话讲得不好，有的干脆知难而退，选用粤语或者英文，但是 W 同学用普通话报告，一字一句，毫不含糊。课程论文是本课设计中的一个重点，从选题、论证到撰写、完成，贯穿课程始终。W 同学对论文也最用心，同我讨论多次，他最后完成的论文，不但中规中矩，而且有自己的见解。阅卷时，我给了他全班最高分：98 分，并附批语："本文由著名的'《苏报》案'入手，探讨晚清上海租界治外法权的扩张轨迹，其问题界定清楚，说理明白，论据充分，结论有说服力，且发人深思，是一篇很好的论文。"

下面要讲的，就是 W 同学这篇论文引出的问题。

"《苏报》案"为晚清大案，曾经轰动一时。现今对中国近代史稍有了解的，对此案也都耳熟能详。简单说来，《苏报》系设于上海公共租界的一份报纸，1903 年，该报连续刊发激进的反清言论，鼓吹种族革命，并大力宣传邹容的《革命军》和章太炎的《驳康有为论革命书》等，社会影响甚大，清廷视为大患，遂派员与租界方面交涉，终于将该报馆封闭，并将章太炎、邹容等 6 人拘捕，章、邹二人后来在租界会审公廨受审，控辩双方均由洋律师代表。审判结果，二人被分别判处 3 年及 2 年监禁。后邹容庾死狱中，清廷迫害革命志士又添一大罪状，这是后话。

对于这段历史，流行的标准叙述是：这是清政府与帝国主义相勾结，密谋镇压革命的一个政治案件。以“《苏报》案”为一政治案件，也还说得过去，但将此案判定为清政府与帝国主义相勾结的产物，则不但牵强，而且反映出十足的意识形态偏见及其宣传上的需要。诚然，清廷于上海公共租界内拘捕章、邹等人，并在会审公廨将之定罪，不能不有租界方面的“配合”。但以此为“勾结”的证据却不能说充分。当其时，清廷所主张的，是要以“大逆不道”罪名将章、邹等处以极刑，即使做不到这一点，也要论以终身监禁之刑，以儆效尤。但是这些要求均因租界方面的不合作而作罢。论者又谓，尽管在如何回应清廷要求将章、邹等人移交华方审判的问题上各国使节态度不尽相同，“但对中国人民的反抗加以镇压则是一致的”，并引当日洋人的说法：“逆书笔端犀利，鼓吹武装革命，杀戮满人，痛诋皇上，西人何故保护此辈莠民，使其谋为不轨，安然造反耶？”但是这条证据的说明力仍嫌不足。毕竟，《苏报》当日刊发的言论，不只是痛诋“今上”（如谓“载湉小丑，未辨菽麦”），而且传布种族仇恨乃至仇杀（如谓“杀满之声已腾众口”，“杀尽胡儿方罢休”），以流血革命相号召。古今中外，没有哪一国政府能够放任此类言行，何况晚清最后10年，暴动迭起，政局动荡，革命言论可于瞬间转成为暴力行动。因此，值得注意的，不是清廷意欲压制《苏报》以及章、邹等人的举措，而是列强在华诸公使、领事及租界工部局在本案中的态度和做法。我们看到，这些帝国主义者拒绝移交章、邹等人在先，对章、邹二人从轻发落（比较当时仍然有效的《大清律例》）在后，其间更屡屡以可能放人相要挟，自始至终，都没有照清廷所希望和请求者行事，其做法，至多是一种有条件的“妥协”，而距“勾结密谋”尚远。这里需要解释的，与其说是帝国主义们为何同意清廷的要求，封闭报馆，并将章、邹二人拘捕论罪，不如说是它们何以无视清廷再三要求，拒不移交人犯，并且干预审判，左右判决结果，以及它们如何能够做到这一点。

关于前一个问题，一个现成的答案是：当时中西法律制度、观念及文化上的巨大差异有以致之。尽管上一年，即光绪二十八年（1902年），清廷已经发布上谕，决定“将一切现行律例，按照交涉情形，参酌各国法律，悉心考订，妥为拟议，务期中外通行，有俾治理”，但至“《苏报》案”案发之日，凌迟、枭首、刺字、缘坐等酷刑仍载于法典，刑讯考掠等侦讯方式亦未革除。列强起初在华设立领事裁判权，也正是以此为口实的。不过，“《苏报》案”诸涉案者既非洋人，也不是服务于洋人的华人，揆诸相关条约、章程，拒绝将之移交清廷，可以说于法无据。所以，当清廷与列国交涉移交之事时，后者最初的反应并不一致。经手执行其事的租界工部局拒绝移交人犯，因为“此租界事，当于租界治之，为维护租界人民之生命自由起见，决不可不维吾人之治外法权”。但经清廷向列强驻京公使游说，美、法、俄、德、荷诸国公使同意移交，意大利公使反对，英国公使则“俟其政府之命令”。但是就在这时，记者沈荩因披露“中俄密约”内幕，被清廷下令杖毙，此事一出，租界及外国报章哗然。数日之后，英、美公使便接到本国政府指示，不得将“《苏报》案”人犯移交清廷。至此，可以说，前引租界工部局用以拒绝清廷要求的理据，大概也可以用来说明列国公使们后来的立场。只是，这在当时算得上是一个有坚实法律依据的立场吗？

W同学的论文就是要讨论这一问题。

据W同学的研究，租界工部局拒绝清廷移交要求的做法，在条约和章程上并无充分依据，相反，该局以“在租界犯案者，应在公堂定罪，在租界受刑”之原则应用于“《苏报》案”，是列强治外法权的一次扩张。W同学的论文详细梳理了自1842年《南京条约》之后，由《上海租地章程》（1845年）到《上海洋泾浜设官会审章程》（1869年生效）的一系列规约，分析了租界的性质，以及会审公廨的功能。其论述大体可分为以下几点。

首先，根据《上海租地章程》，上海租界的性质是“居留地”（Settlement），而非“租界”（Concession）。这意味着，中国在该地依然拥有主权，租界内的华人仍受清政府的司法管辖，适用清朝律例。不过在1853年至1855年，上海县城为小刀会攻占，清政府也失去了对上海租界的实际管控，此时又有大量难民进入租界避难，英、法、美三国领事借此开始对租界内犯罪的华人进行审判。不仅如此，1854年，英、法、美三国未与清政府咨商，单方面修订《上海租地章程》，是为《上海英法美租界租地章程》。租界工部局即依据此章程设立，行使租界市政管理职能，其中亦包括警察权。

其次，虽然由于形势变化等种种原因，清政府不能始终有效行使对租界内华人的司法管辖权，但是此一法理上的管辖权也没有因此而动摇。在经历了实践中一系列摩擦、纠纷、商讨和实验之后，终于有了1868年的《上海洋泾浜设官会审章程》，有了依此设立的会审公廨。关于会审公廨的性质，章程第1条说得很明白："[上海道]遴委同知一员，专驻洋泾浜，管理各国租地界内钱债、斗殴、盗窃、词讼各案件……凡有华民控告华民，及洋商控告华民，无论钱债与交易各事，均准其提讯定断。并照中国常例审讯，准其将华民刑讯、管押，及发落枷杖以下罪名。"若"华人犯案重大，或至死罪，或至军流徒刑以上，中国例由地方正印官详请臬司审转，由督抚酌定奏咨，应仍由上海县审断详办。倘有命案，亦归上海县相验，委员不得擅办"，这是第4条的规定。"《苏报》案"时，这个章程仍然有效。

依据以上两点可知，清政府衙役，也包括会审公廨衙役，当可自行拘捕租界内普通华人犯者并解往相应衙门受审，不过实际上，这项权能受到一些惯例及地方性协议的限制。其中的一项，就是会审公廨拘捕公共租界内中国人犯的拘票须经领袖领事签字，并由工部局巡捕房协助执行。这也是为什么清廷要拘捕章、邹等人需要同租界领事团交涉，且拘捕之事由工部局巡捕执行的原因。也正是在这个环节上，领事团以拒绝签署拘票相要挟，迫使前去交涉的上海道同意，日后将这一案子放在会审公廨审理，定罪后亦在租界受刑。问题是，这种做法并无条约及章程上的根据。相反，以其所涉控罪的轻重程度而论，此案也根本不在会审公廨的管辖范围之内。事实上，终于清亡，会审公廨始终也不是一个能够审理租界内所有过犯的法庭。主张"在租界犯案者，应在公堂定罪，在租界受刑"，只是列强扩张治外法权的一次尝试。

"《苏报》案"中治外法权的扩张也表现在审判过程中。清廷要求移交人犯未果，最后让步，同意免其死罪，在上海公共租界会审公廨成立“额外公堂”，由上海县令汪瑶庭与英领事官会审此案。当年 12 月 9 日，汪瑶庭作出宣判，判处章、邹二人无期徒刑，但是参与审判的英国副领事“以堂谕未先商定，退还作废”。（上海道袁树勋致兼湖广总督端方电）清政府无奈，交涉再三，又怕英方单方面放人，只好同意轻判。于是便有了前面提到的判决。这里的问题是，英副领事干预判决的做法是否有法律上的依据？

最早规定“会审”制度的 1858 年之中英和中美两部《天津条约》，均分别涉案原告、被告身份划分了中外官员的权限。《上海洋泾浜设官会审章程》第 2 条更明定：“凡遇案件牵涉洋人，必须其到案者，须领事官会同委员审问，或派洋官会审。若案情只系中国人，并无洋人在内，即听中国委员自行讯断，各国领事官无庸干预。”据此，外国领事，当然也包括英国领事，对此案并无干预之权。当时在法庭之上，清政府所聘律师古伯即对英副领事迪比南的权限提出质疑，他还引用了 1902 年 3 月 29 日公共租界工部局总董致法租界公董局总董的一封信，这封信写道：根据 1869 年中美条约的一项条款，“中国授予外国租界或居留地在任何情况下均不可视为中国当局已放弃对该土地上人士的管辖权，除非条约上明确表明该等权利已被放弃”。而且依据现有条约，“中国的管辖权包含决定控诉中国国民的方法和地点的权利”。更有意思的是下面一段：“在中国国民为被告的案件，外国官方代表的身份并非‘法官 (Judge)’，而是‘观审 (Assessor)’。”换言之，即使外国领事可以事件发生于租界，影响当地秩序，关系洋人利益为由，要求出席会审公廨，“会审”单纯为华人的案件，其身份也只是“观审”，而非“法官”。

“观审”之名出自清廷与英国于1876年签订的《烟台条约》，该条约解释1858年中英《天津条约》所定之“会审”制度云：“至中国各口审断交涉案件，两国法律既有不同，只能视被告为何国之人，即赴何国官员处控告；原告为何国之人，其本国官员只可赴承审官处观审，倘观审之员以为办理未妥，可以逐细辨论，庶保各无向隅，各按本国法律审断。”据此，“观审之员”对于其认为“办理未妥”的判决，只能“逐细辨论”，而无干预之权。

对于律师的质疑，迪比南的回答武断而生硬。他先声称“本案不是由知县单独作判决”，继而主张“观审”有二重含义，《烟台条约》中之“观审”固只有观审及抗议之权，会审公廨的“观审”则“在判决中有一定地位”，并以《烟台条约》与其参与此次会审无关为由，拒绝继续讨论这一问题。据W同学的论文所示，迪比南的这种主张并不成立。《烟台条约》就明白提到上海会审公廨，谓“中国亦在上海设有会审衙门，办理中外交涉事件”，并未将之视为例外，可见迪比南强分观审为二并无根据。此外，对于“观审”一职的性质，曾任上海公共租界会审公廨书记官，并著有《上海的会审公廨和工部局》一书的俄人A.M.Kotenev也有明白的叙述，他说：“观审（“Assessor”）的地位不是法官（“Judge”），他甚至不是共同审判的法官（“co-Judge”），他的责任在维护上海（租界）外国人和本地人的利益，不是处理司法问题。”只不过在实践中，洋人“观审之员”经常凭借其强势地位，超出其条约上的地位行事。对此，修订法律大臣伍庭芳与办理商约大臣吕海寰在《上海会审公廨选用熟谙交涉人员会审片》中有如下批评:“洋官于互控之案,大率把持袒护,虽有会审之名,殊失秉公之道。又往往干预华民案几归独断。”当日在法庭之上,辩方律师也以实际状况为据,试图限制上海知县的权力,但这种基于事实的主张并没有法律上的证明力。实际上,无论“《苏报》案”之前还是之后,纯为华人刑案的判决须以外国会审官员的同意为条件,这不但没有法律上的依据,也没有成为惯例。

总结上文,W同学最后的结论是,“《苏报》案”中清政府司法主权受到的前述两方面的干预,既非此前清廷与在华列强订立的条约、章程所认许,亦无事实上的惯例支持,只能视为列强在华治外法权的非法扩张(按:W同学谓为“缺乏法理依据”,“非法”二字系笔者据此转写)。W同学也承认,“《苏报》案”中西人的做法,如保全章、邹二人的生命,保护革命党人在租界的言论,引入西式的审判程序(如取消刑讯、合理分配举证责任及律师辩护制度),客观上“有其正面效果”,但是这些并非其研究范围之内的论题。“从法制角度看,‘《苏报》案’中治外法权的扩大是缺乏法理依据,资料显示,清政府也曾为此与列强力争,但以清末时中国的国力,面对强权,清政府除忍让外,别无他途。”

W同学论文的最后这段话值得回味。

“《苏报》案”虽然在形式上按法律程序审理,但这案件实际上并非依法判决。审判机构及地点的选定不必说,刑期的确定也不是出于法律,甚至法庭上控辩双方律师的互诘和论辩,也和前后两次判决互不关联。说得明白些,决定“《苏报》案”之过程及最终结果的，不是法律，而是“交涉”。“交涉”一词，不但屡屡见于有关“《苏报》案”的历史档案，事实上也贯穿于该案始终。但既然是交涉，则结果就一定取决于交涉双方的实力，而非其他。就这一点而言，可以说“《苏报》案”不止是一桩政治案件，也是一个外交案件。

所谓实力，自然包括硬、软两个方面，而当时的清政府，无论硬实力还是软实力，都远在诸列强之下。它可用以制衡列强、主张利权且能够为诸列强认可和接受的唯一手段，说来可笑，大概就是那些它被迫同帝国主义者们缔结的不平等规约了。我们看到，在“《苏报》案”的交涉和审理过程中，清政府的官员们不断提及规约、惯例，且每每以严守规约为己方基本立场。当时受命处理此案的内阁大学士张之洞在致湖广总督端方电（1903 年 7 月 21 日）中说：

> 若在中国境内，虽系租界，其中国人民仍应归中国管辖，故遍查条约并无租界交犯章程。诚以租界仍属中国地方，其有中国罪犯，本可由华官自拏自审，后洋人虑中国差役入界骚扰，亦只有先行知照领事签票之章，并无会审交犯之条。……查上海公堂章程，有华人涉讼其案情与洋人无涉者，领事不得干预等语。此次上海各领事尚知大体，顾全大局，而工部局硬欲干预此案，竟欲以上海租界作为外国之地，显系有意占权，万难迁就。查历年以来，上海租界工部局遇事侵我主权，不遵条约，不

有公理，视为固然，闻此次上海洋人私议，深虑此案中国必向其公使及其外部理争，一经揭破，恐将工部局历年攘夺之权从此减削，可见洋人亦自知理屈。我能趁此次极力争回此项治权，将来再有缉拏匪犯之事，便易措手，利害所关甚巨，所包甚广，其有益尚不仅此六犯一案也。

由这段话可知，中国官员不但对该案所涉条约、章程的内容有清楚的认知，对于租界内中国主权迭遭蚕食的实况也有相当了解，正因如此，基于条约、章程之理争的重要性才被特别强调。10天后，苏松太道袁树勋致上海各领事函云："惟工部局尚未将犯交出，于条约章程俱未符……务望转向工部局切实开导，将犯交出，俾符章而敦睦谊。"英驻沪总领事满思礼则复云："此案应照上海道前订合同，勿得更改。所拿六人，在会审公堂讯判，如果审明有罪，即归租界惩办，合同不得作废。"此所谓"合同"，即是前面提到的上海道为获租界领事团同意签署拘票不得已作出的允诺。从法律角度来看，"合同"若违背法律（条约、章程）应归于无效，这本来不是问题。但因交涉双方实力不同，"合同"的实际效力便压倒了法律。此番交涉，清廷方面自然再度受挫，但是本案中租界工部局、领事团乃至它们背后的诸列强政府不遵守条约、章程的做法，也因之愈加彰显。

着眼于个案及其处理办法，"《苏报》案"或者有其特别之处，但若是着眼于上海租界会审公廨的运作，以及外国会审官员及领事以不遵规约方式蚕食中国主权，扩张其治外法权的种种现象，则可以说此案颇具有代表性。因此，清朝政府虽然于“《苏报》案”内不得不委屈迁就列强，却绝不肯以此案为一先例。“《苏报》案”最后宣判（1904 年 5 月 21 日）的一个月后，南洋大臣魏光焘致外务部密咨即明白要求：

> 切实声明此系格外通融办法，后不援以为例。日后遇有华人违犯中国刑律，务当遵照两国约章各归各办。其租界会审案件，务按洋泾浜设官章程，秉公遵办，毋得稍歧，抑界内或有不法之徒，适以妨害政治两有所损，务请严饬驻沪各领事，以后悉遵天津条约，洋泾浜设官章程，一体遵守，中外幸甚。

自然，此种立场的重申能否奏效，最终还是取决于交涉双方的实力对比。诚如上引张之洞电文所揭示，列强不遵条约、章程之事由来已久，既非始于“《苏报》案”，亦不会以此案为终结。

“《苏报》案”结束一年后，黎黄氏“拐骗案”在上海公共租界会审公廨开审（1904 年 12 月 8 日），这件普通刑案亦未涉及洋人，但参与会审的英副领事却要将涉案华人带回西牢关押，此举因于法无据而遭拒绝，英副领事指令巡捕用强，公堂之上，致伤两名中国廨役，并将中方一官员官服扯破，朝珠散落遍地，最后，黎黄氏一干人等仍被强行带离。此事在上海激起民愤，抗议风潮迭起。12 月 10 日，《申报》发表“社说”云：“公堂者国体所系，而华官在租界内华民之代表也，今乃公堂可哄，是蔑视我国体也，而何论乎小民！官役可击，是贱视我华人之代表也，而遑论华人！”“呜呼！我中国之见轻于外人，固已久矣，然上海租界为我国商埠之枢纽，而公堂尤为主权所系，西人此举，实奴隶我、牛马我之见端，我华人苟稍有人心者，讵肯袖手旁观、一任其凌辱蹂躏而漠然不动于衷耶？”（转见姚全兴：《清末上海大闹会审公堂案始末》，载《新民晚报》2008 年 6 月 15 日）此案最后也上达清廷及北京公使团，经由交涉解决。

流行的说法，西方诸国最具法治精神，晚清政府，尤其旧法未改革之前，承续古代人治余绪，不知法治为何物。甚至中国与西方的不同，从法律角度看，正可以归结为人治和法治的对立。然而，我们在“《苏报》案”中看到的情形，并不支持类似的看法。指出这一点并不是要做翻案文章，否定一个简单化的论断，得出一个相反但是同样简单化的结论。我觉得有兴味的，毋宁是下面这一点：以事先确定的规则分配权利义务、界定权力，并以规则所确定的方式来运用权力，是所谓法治的一项基本特性。“《苏报》案”所涉及的公约和章程，划定了中外各国于特定地域及事项上的司法管辖范围，虽然其内容“不平等”，侵害中国主权，但形式上系清廷与列强“商定”，对缔约双方均有约束力。因此，依明定之条约、章程行事，形式上便是维护了法治，否则就是破坏法治。而在“《苏报》案”以及“《苏报》案”前后的一系列案件和事件中，列强显然倾向于不守规约，破坏法治，清政府则是维护法治的一方。这一现象不但极具讽刺意味，而且也意味深长。

晚清政府所与交涉的西方诸国确实具有法治精神，列强中领袖群伦的英国，更可被视为近代法治传统的发源地，但就是英国，19世纪的世界头号强国，不仅率先以武力打开中国大门，并以不平等条约强加于中国，其在租界事务及扩张治外法权诸方面的作为也最是傲慢专断。但这一点与其有无法治精神无大关系。重要的是，在本文述及的特定场合，严格遵守条约、章程不尽符合大英帝国（或者是握有强权的其他列强）的利益，尽管这些条约和章程是在其主导下并以有利于它的方式制定的。相反，清政府官员一再强调严守条约章程等，既不是因为这些规约一般地对中国更有利，也不是因为他们比外国官员们有更强的守法意识，而是因为，处在当时的境况中，遵守规约对他们来说是最佳选择。在一种类似丛林世界的关系中，制定规则的虽然是强者，要求遵守规则的却可能是弱者。强者以其意志加于弱者，但是对于任何专断意志来说，遵守规则的要求本身都可以被视为抵抗。换言之，即使单纯为形式的法治，仍然是一种对权力的约束；就其本性而言，权力总是倾向于扩张其边界，因此也总想突破明定的规则加于它的束缚。这时，主张法治就成为弱者抵御强者的武器。

论者或谓，是否遵守法律规约并不重要，重要的是法律的良窳善恶。大清律例野蛮残酷，西法文明进步，拒野蛮残酷之法以就文明进步之法，这才是法治的真精神。当日“《苏报》案”之审理，列强若墨守规约，将章、邹等人移交清廷“法办”，或者在会审公廨任由上海知县按清律将之定罪，岂非法治的笑话。

以善法为法治的要义，视法之善恶定法治之有无，这种论说把一切美好价值托诸“法治”，是一种过高的理想，反而模糊了法治的基本义。放下这一点不讲，无论如何定义法治，服从事先制定的规则，依据明定的规则行事，总是法治的基本内容。舍此则无所谓法治。正因如此，除了讲英国的法治，美国的法治，也可以讲或至少是构想清王朝治下的法治，中华帝国的法治，可以讲条约时代作为中西各国交涉往来之背景的法治。这种法治的实现并不意味着各种美好价值的实现，甚至不会自动导致每个个案的正义。就如其字面义所指，法治首先是法律之治，而要成就这一目标，法律就必须公开、明确、稳定、合理，自然，也必须被尊重和服从。满足了这些条件，任意妄为的专断意志就会受到极大的限制。

立足于今天中国人的观念，"《苏报》案"中清廷所欲实行的法律（清律），因为其残酷而野蛮，是不可接受的。但这不等于承认，当日列强动辄背离条约章程、侵蚀中国主权的做法也无可指责，更不用说把这种做法奉为真正或更高的法治。同理，改革前的清朝法律虽有野蛮残酷的一面，但是列强以此为理由而在华设立领事裁判权也不能因此而变得正当。若非如此，殖民主义的历史就是一个值得赞颂的事业。的确，人们可以从所谓客观效果的角度来看待"《苏报》案"，就像 W 同学最后提到的那样，但是那些客观效果也不是历史的全部。时人张篁溪有评论云："工部局与西报何以反对将此案移交满清政府者，绝非卫护苏报案诸子，亦绝非主持公理，实则为各帝国主义国家之治外法权也。"列强在华各有其利益，扩大治外法权符合它们各自的利益。而这些利益，肯定不像一些人天真地相信的那样，代表了人类的基本价值。

美国学者斯科特在其对马来西亚农民的研究中，分析了日常生活中农民反抗其压榨者的各种形式：从偷懒、装糊涂、开小差，到偷窃、诽谤和暗中破坏，他称为“弱者的武器”。斯科特的分析对象不是中国农民，更不是中国历史上的某个王朝，他所谓“弱者的武器”，也不包括法律这类正面抗争。不过，就如我们已经看到的，换一个语境，一个王朝也可以是弱者，法律也可以是“弱者的武器”。不仅如此，如果扩展观察的视野，我们还会发现，对于今天的中国农民，以及其他类似的社会弱势群体来说，法律也是“弱者的武器”。关于这一点，我们只要看一看当下各式各样的维权者对法律和作为法律运用之特定方式的法治的热烈诉求就可以明了。

法律，更确切说，法治，之所以能够成为“弱者的武器”，就在于，对绝对的权力来说，最低限度的法治都是一种约束。

（文中引文凡未注明出处者，皆转引自W同学论文：《由“〈苏报〉案”看晚清租界治外法权的扩张》。）

法律的信和信仰

2014 年的某日，忽然收到一位年轻学者发来的微信，微信附有截图一张，截图取自《读书》上熊秉元教授的一篇文章，文章内容是对几位法律译者的批评，我的名字也在其中。不过，朋友微信的意思却是要道贺，因为熊教授在指名批评了三位法律译者之后，笔锋一转说，与前面三位译者不同，我的翻译有“化平凡为神奇”之效，妙笔生花，影响也更大。这不是褒奖吗？熊教授提到的我的译文，便是那个业已变成流行语的句子：“法律必须被信仰，否则它将形同虚设”（熊文引作“法律必须被信仰，否则形同虚设”），语出拙译伯尔曼的《法律与宗教》。截图文字有限，熊文都说了些什么，不能尽知。但我知道，熊教授对这句译文一直不以为然，他举此例，自然是批评了。

又数月，清理书刊，不经意翻到《读书》2014 年 7 月号，在“读书献疑”一栏看到熊教授的这篇文章，题目是“把书读对”，而熊文引用拙译，正是他认为把书读错了的例子。所谓“化平凡为神奇”“译者的生花妙笔”云云，不过是批评之前的铺垫。不仅如此，拙译还是熊文批评的重点，相比之下，另外三位没能“把书读对”的译者，倒像是“陪绑”，被拉出来草草地过了一下堂。

熊文对拙译的批评就是那句“法律必须被信仰”。在熊教授看来，伯尔曼原书的文字：Law has to be believed in，or it will not work，“其实很平常普通”，“意思只是：人们要相信法律，否则法律发挥不了作用”。“中文译本把法律和信仰放在一起，却有可议之处。”可议之处在哪里呢？上面说的原文用语“很平常普通”勉强算是一条。“这句话的背景，要更为重要。”熊文指出，伯尔曼说这话的时候，美国社会正陷入各种反战、反社会、反体制运动，面对此种情形，“伯尔曼苦口婆心，希望挽救体制于既倾”。此外，“可议之处”还与译者译书的“背景”有关。依熊文的说法，“文化大革命”十年，秩序瓦解，法纪荡然，改革开放后，人们吁求法治，期冀合于公义的法治能得到民众的支持，这种普遍存在的“幽微意识”投射到译者的译事活动中，就促成了“化平凡为神奇”的译文，也成就了大陆法学界这句经久不衰的流行语。

熊教授的说法有点道理吗？

既然要求“把书读对”，那我们还是先读书吧。

首先，英文短语 believe in 译作“相信”没有问题，但译作“信仰”就错了吗？believe in 一词，同时具有相信、信任、信赖、信奉和信仰之义。所以，笼统地问 believe in 应当译作“信仰”还是“相信”没有意义。伯尔曼这句话里面的 believe in 是否有信仰之义，译作“信仰”算不算错，才是关键。熊教授对中译本“把法律和信仰放在一起”不以为然，他认为 believe in 在这里的意思就是“相信”，与“信仰”无关。这种理解确实“很平常普通”，但那是原文的确切意思吗？它恰如其分地传达出了作者要表达的思想吗？回答这个问题，只说“伯尔曼的这句话其实很平常普通”没有用，而要看这句话在上下文里的意思。上下文可小可大，小到一个段落，一个章节，大到一本书，一个人的思想，一个时代。我们从小处说起。

伯尔曼这句话出自该书“导言”。作者在“导言”里交代了自己的主要思想，并说明了全书的篇章结构。伯尔曼认为，法律和宗教固然不同，但又密切关联。没有宗教的法律，会退化为机械的法条主义，没有法律的宗教，会丧失其社会有效性。在他看来，当时（1970 年前后）美国社会的种种乱象，从现行体制和权威的衰微，到各种激进的政治、文化和社会运动，其实都根源于一，那就是，流行的法律概念和宗教概念变得过分狭隘，二者之间的纽带因此而断裂。其实，他说，所有的文化（里），无分古今，法律和宗教都共享仪式、传统、权威和普遍性这几个要素。在现代人眼中，法律不过是一套世俗的、理性的和功利的制度，但若深入法律的实践，人们就会发现，神圣性的符号（symbols of the sanctity）浸润其中。说到底，法律不仅关涉人的理性和意志，而且包含人的情感（emotions）、直觉（intuitions）、献身（commitments）和信仰（faith）。于是就有了这句话：Law has to be believed in, or it will not work。“把法律和信仰放在一起”的，难道不正是伯尔曼本人？《法律与宗教》面世20年后（1993年），伯尔曼出版了一部篇幅超过400页的论文集，书名干脆就是《信仰与秩序：法律与宗教的复合》（*Faith and Order: Reconciliation of Law and Religion*）。因为书中所收文章，尽管涉及的领域和问题不同，却都是围绕着这样一个基本论断展开的：“一个社会的法律秩序，即调整社会的形式法律制度、结构、规则和程序，本质上与关于生命根本意义和历史终极目的的基本信仰，也就是宗教信仰，紧密相连。”

法律与宗教的关联、互渗和互动，是这本小书的唯一主题。熊教授不赞成“把法律与信仰放在一起”，却也不得不承认，“伯尔曼像是法学界的传教士，念兹在兹，希望能补缀和重砌法律与宗教之间的连接”。只是，熊教授并不打算循此进入伯尔曼的思想，而是将之归入“另外一个层次”，一笔带过。据熊教授看，伯尔曼说“这句话”的“背景”“更为重要”，而这个“背景”跟信仰没有关系：当时的人，“尤其是年轻的一代，对法律秩序抱着嘲讽讪笑的态度。在这种背景之下，伯尔曼苦口婆心，[要求人们相信法律]希望挽救体制于既倾”。我不能不说，熊教授又一次把书读错了，而且错得很严重。简单说，伯尔曼写作此书的目的，根本不是要挽救当下的“体制”。因为在他看来，这种体制正在死去，而认定法律与宗教无关，正是这种体制的认识论基础，其根源，则是已经支配西方世界数百年的二元思维模式。对伯尔曼来说，克服这种二元思维模式，融合法律与宗教的价值，才是未来希望所在。我们必须承认，讲出这番话的人，是这个时代的异数，这样的见解，也实在是不同寻常。相反，熊教授的看法倒是“很平常普通”，只不过，这种流行的观念，还有它所代表的知识传统，恰好是伯尔曼认为需要克服和超越的那类。熊教授错解伯尔曼其人其书，固然颇具讽刺意味，其实也很自然。

拙译面世后流传甚广，“法律必须被信仰”一句尤其流行。但在熊教授看来，“大陆法学界的共鸣，与其说是呼应伯尔曼，不如说是反映了某种普遍存在的‘幽微意识’”。熊教授据此进一步推论，错误的译文[可能]“反映了译者和众多法律界的学者和学子，对法律的认知或期望”。这种批评像是诛心之论，而且粗疏专断，不得要领。且无论“大陆法学界的共鸣”如何，译者对原著理解的对与错，与“大陆法学界”何干？坦白讲，译者译书之际，力图忠实传达原书意旨，别无他想。当然，这或不能避免熊教授所说的“无心之过”，但要证明译者有“无心之过”，批评者也须先就书论书，加以论证。熊教授抛开文本，顾左右而言“背景”，既不能证明译文“之过”，标举所谓“幽微意识”“大陆法学界”等，实与译者、译文不相干，可勿论矣。

熊文未能如它所要求的那样“把书读对”，已如上述。虽然，熊文涉及的问题，对于我们说明伯尔曼思想的主旨，进而更一般地思考法律与宗教诸问题，却不失为可以利用的契机。比如，熊文提到拙译的流行这一现象，就很值得研究。熊文引述的一篇文章说，“法律必须被信仰”云云，乃是大陆法学界最著名的一句话。这大概不是夸张之辞。同样，说这是中国数十年来法律译著中被引用得最多的一句话，应该也无大误。实际上，看到这句话的流行程度，以及它被如此随意引用的情况（就连专门批评拙译的熊教授也未能完整引用），我常常怀疑，那些引用这句话的人，究竟有多少真的读过这本书。这种现象包含了太多有意思的东西，耐人寻味。熊文提及这一现象，而归之于所谓“幽微意识”，虽无论证，且失之简单化，也聊备一说。前两年，拙译被列入商务印书馆《汉译世界学术名著丛书》出版，这也可以视为是对伯尔曼这本小书的重要性的认可，而这种重要性，更多是同作为读者的中国人的生命经验有关。换言之，研究上述现象，其实就是要了解过去几十年中国人的经验、意识、认知和追求。因此，我非常希望，将来有人认真反思这一现象，作出像样的文章来，那对于学界必定是一个贡献。

关于法律与宗教的关系，熊文也有一段引申：“西方文明里，宗教和法律密不可分；在华人文化里，却并没有这种传统。华人文化里法律和政治紧密结合，法律和宗教却几乎是各行其是的两个体系。既没有宗教的传统，而希望‘法律必须被信仰’，近乎缘木求鱼。”这段话紧接在对拙译的分析之后，似乎是在暗示，译者“把法律和信仰放在一起”，是想在华人文化里促成对法律的信仰。这种暗示（如果有的话）全无根据。Law has to be believed in, or it will not work 属事实陈述，不涉“希望”。同样，中译文“法律必须被信仰，否则它将形同虚设”，无论对错，也与“希望”（无论是谁的希望）无关。不过，熊文关于华人文化里法律与宗教关系的说法，却代表了一种流行的偏见，这种偏见，放在熊文自己设定的背景里，可以从两个方面来讨论。

第一个方面与熊文谈论的这本书有关。照前引伯尔曼的看法，法律与宗教共享四要素，关系密切。人类学家研究的部落社会如此，现今高度发达社会的法律制度如美国的法律制度也是如此。基于他采取的人类学视角，华人文化也不应该例外。这里要补充说明一点：伯尔曼批评"过分狭隘"的法律概念和宗教概念，他自己则是在"最广泛的意义上"谈论法律和宗教，"即把法律视为社会中分配权利和义务的结构与程序，把宗教视为社会对于终极意义和生活目的的直觉和笃信"。在这样的视野下去看华人文化里的法律与宗教，会有什么样的发现？这个问题与历史有关，也是熊文看法涉及的第二个方面。

中国与西方的法律传统不同，这一点毋庸置疑。但是不是"华人文化里法律和政治紧密结合"，法律和宗教却各行其是，更谈不上对法律的信仰呢？如果我们讲的"华人文化里的法律"也包括礼和礼教，如果我们所谓的法律在官府的法之外还包括形态多样的民间法，如果我们谈论的法律不只是人间的，也包含阴世的（阴律），如果法律的文本除了律典之类，还有善书宝卷、笔记小说、功过格等，那法律与宗教岂止是有关，简直是关系密切呢！因此，尽管其具体形态和表现方式大不同，"华人文化里的法律"，也如"西方文明里的法律"一样，可以浸润了"神圣性的符号"，可以同"终极意义和生活的目的"相关，可以唤起人们的情感与信仰。

说到信仰，不妨再回到伯尔曼，检视拙译的妥当性。毕竟，诗无达诂，即使文义理解无误，如何表达最为恰当，总是有推敲余地。伯尔曼思想中最重要也最可注意的，便是他在此“去魅”已久的时代，强调法律与宗教、秩序与信仰的内在联系，重新揭示出法律所固有的宗教属性。把 Law has to be believed in 一句中的 believe in 译为“信仰”，就是为了传达出作者的这层意思。不过，译 believe in 为信仰，取义或较强，has to 译为“必须”语气似略重，中译文照原文结构采用被动语态，也显得有点生硬，这些问题如何处理最为妥当，都可以再加斟酌。比如，改“必须”为“须要”，意思不变，但是语气有所缓和，语意也更贴合原意。还有 believe in 这个词，不译为“信仰”，换了别的词如何？信、相信、信任、信赖、信奉、信靠，等等，这些词，但能准确传达原作意思，有何不可？熊教授的译文：“人们要相信法律”，错不在“相信”二字，而在他要“化神奇为平凡”，以此“很平常普通”之词，为法律“去魅”，涤清包含其中的“神性”，把法律与信仰打成两截。而这，与作者力求表达的意思适相反对。

那么，单字“信”如何？“信”之义宽泛而平易，却颇能表达伯尔曼不同凡俗之“特见”。基督教义的核心，信、望、爱，信居其首。这里，信是信仰，是相信，是信心，信的对象则是神，是上帝，是耶稣基督，是与神有关的神圣之物。只是，比较“信神”“信徒”一类常见的语词搭配，现代汉语中，如果不是例外情况，“信法”却不是一种符合汉语表达习惯的说法。这部分是因为，信系古字，我们如今习用的相信、信任、信仰诸词，义均出于此，代表了“信”的诸现代义项。因此，若非使用半文言的表达式样，如谓“法律须为人所信方始有效”，恐怕还是先考虑后面那些新词较好。虽然，关于“信”这个字，我们倒不妨多说几句。

“信”，《说文》释为“诚”，《广雅·释诂》释为“敬”。诚与敬，均为古代儒家推重的观念和价值。儒家五常，仁、义、礼、智、信。信居其一。不过，古时并非只有儒家言信，法家对信也甚为推崇。而且，法家所看重的信，同法有直接的关系。在法家眼中，法无信而不立，不如说，信是法律必备的品质。商鞅相秦，变法改制，“令既具，未布，恐民之不信，已乃立三丈之木於国都市南门，募民有能徙置北门者予十金。民怪之，莫敢徙。复曰‘能徙者予五十金’。有一人徙之，辄予五十金，以明不欺。卒下令”。(《史记·商君列传》)太史公的这段记述，生动地揭示了法家“信”的观念，以及信与法的联系。这段故事里，“恐民之不信”指向“民”，“以明不欺”指向“君”，前者要求民众相信法律，后者要求君主谨守法律，而公示的法律本身，就是君、民之间的信物。法者，天下共信之物。这种观念，直至清末立法之时依然流行。这是法家的贡献。那么，法家的信跟儒家的信有没有不同？儒家言信是不是跟法律就没有关系呢？

表面上看，法家思想与我们讨论的法律与信仰问题相关，儒家则否。实际的情形却未必是这样。韩非子说：“赏罚不信则禁令不行。”这里的“信”有两层意思，直接的意思，指法律的真实可靠性；间接的意思，就是“相信”，即人们基于对法的这种客观品质的了解而产生的主观心理。换了熊教授的话就是：“人们要相信法律，否则法律发挥不了作用。”只不过，法家强调的“信”，也像熊教授说的“相信”一样，同信仰没有关系。法家注重的是对行为的控制，只要行为符合法律的要求，动机则不必论。但信仰恰恰是一种内心确认，一种信其为正当的志意，常常伴随对信的对象欲加追随、捍卫和奉献的强烈情感。儒家强调的诚、敬、慎等，就包含了这类情愫。但是，儒家似乎既不重视法，更没有把诚、敬和具有这种含义的信跟法律联系在一起呀。这又是一个错误的认识。造成这种认识的一个重要原因，是人们在谈论法的时候，没有把德、礼、义、理等考虑在内。孔子有言："道之以政，齐之以刑，民免而无耻。道之以德，齐之以礼，有耻且格。"这段话常常被人引用来证明儒家排斥法律的态度。然而，若我们也像伯尔曼（以及许多人类学家和社会学家）一样，采取较为宽泛的法律定义，德与礼又何尝不是法。实际上，历史上有法出于礼的过程，也有礼入于法的过程。礼与法，有分，有合，有重叠，也有互动和互渗。汉人奉《春秋》为致治之法，援经义以决狱，正是要辨明是非，惩恶扬善，解决秦法"诛名而不察实，为善者不必免，而犯恶者未必刑也"（董仲舒语）的问题。东汉经学大师马融、郑玄等不但注经，而且注律，其法律章句洋洋大观，影响深远。明人王樵，既是经学家，又是律学家，他对《大明律》的注释，就完全遵循"先儒释经"的体例。而作为一名刑部官员，他"治律令，如士人治本经"（《读律私笺》）。清人朱槽干脆说："夫律例，本乎圣经，发为政教"，而把法律的基本特性一一追溯到儒家经典《诗》《书》《易》《礼》《春秋》。（《粤东成案初编》）法律要助成教化，就须要贯彻儒家经义。这也要求官员在实施法律时，以仁为本，不失哀矜恻怛之心。古人论法之修立和运用，经常用当、中、仁、德、生、全、矜、恤、戒、惧、怛、慎、敬等词，原因就在这里。总之，因为受儒家义理和规则的支配，过去“华人文化里的法律”所要求和唤起的，就不只是人行为上的服从，还有人发自内心的认同，这种认同，通常伴以强烈的规范意识，以及古人称为诚敬、敬慎的态度和情愫。这些，不就是我们谈论的法律与信仰问题吗？

有意思的是，涉及法与信的这两种传统，并没有随着传统帝制的终结而消失，而是以某种曲折方式，被编织进当下的政法话语。我们可以提及和比较新旧两种官方表述。一个是大家都很熟悉的说法：“有法可依，有法必依，执法必严，违法必究。”（中共十一届三中全会公报）另一个是下面这句话：“法律的权威源自人民的内心拥护和真诚信仰。”（中共十八届四中全会决定）前一种说法不含（至少是不必含）信仰成分，其严厉峻切颇具法家特点。而后一种说法诉诸人的内心拥护和信仰，而近乎儒家传统。只不过，后面这种说法和认识也可能有其他渊源，而且，它们同儒家思想的联系也不是一望即知。

对许多中国读者来说，看到“法律的权威源自人民的内心拥护和真诚信仰”这种说法，很容易联想到“法律必须被信仰”那句流行语，甚而视之为前者的出处。想到这句话流行和被接受的程度，这种联想和推测并非无端。不过，即令没有对伯尔曼思想的引介，现代法治的确立有赖于人们对法治坚定不移的信念，这一点，也已经许多法治理论家指出，比如，戴雪和哈耶克都注意到，至少根据英国经验，最终有效约束立法者的，并非某种法律，而是社会共同体对作为一种政治理想的法治的共同信念和承诺。这些，或者是前述认识和表达的另一个“出处”。至于其第三个“出处”，即儒家思想和传统，既非一般人所易见，也非人们所愿意承认，除非他们业已认识到，在我们所讨论的法律与信仰问题上，儒家有其贡献和传统。但是，无论人们（包括文件的起草者）是否意识到这一点，这一“出处”的存在应无疑问。要说明这一点，我们还可以提到另一个重要的儒家思想范畴，那就是“德治”。众所周知，德治是儒家政治理论的核心，儒家对人内心世界的关注，儒家在法律与信仰问题上的努力，都源于此。如今，主政者提出法律与信仰主题，同样是在“德治”的框架里展开。官方的说法是：“国家和社会治理需要法律和道德共同发挥作用。”所以要“既重视发挥法律的规范作用，又重视发挥道德的教化作用……实现法律和道德相辅相成、法治和德治相得益彰”。不过，这些提法在印证中共法律与信仰说的儒家“出处”的同时，也提出了一些问题。比如，辛亥百年之后，中国社会业已经历了巨大转变，在新的社会条件下，重提德治究竟为何？而且，今日所谓德治，与古人实行的德治有何异同？主张德治与法治并重，到底意味着什么？

要回答这些问题，有必要回顾和检讨儒法斗争史，以获取历史的观照，但这需要许多篇幅，远不是眼下这篇小文所能够容纳。这里只能简单说几点。

第一点，法律与宗教，信仰与秩序，这类问题，至少在伯尔曼讲的人类学意义上，原本是中国人经验的一部分。而且，这部分内容，在中国人的经验里，同“德”的观念、理论和实践密切相关。而“德”的观念系统，又与所谓制度性宗教如基督教等不同，它更容易融入现代世俗社会，并提供建立现代政治和法律制度（包括法治）所需要的部分精神资源。

第二点，因为历史文化传统的关系，在中国语境里，德治的口号或话语，作为一种思想资源，本身就具有某种合法性与号召力。因此，它的提出有很自然的一面。尽管如此，对于一个曾经在意识形态上激烈地反传统，更且在政治实践中毁灭一切旧思想旧事物的执政党来说，对传统文化示以温情，将之纳入其治国理念和方略，这样的转变不同寻常。从历史角度看，这种转变可能让人想到当初儒家对秦政的批判和反动，而秦政，可以说是法家政治的典范。

以儒、法之争类比当代政治发展，难免简单化，但把过去视为认识当下的某种内在参照和说明，也有其不可替代的深刻性。“有法可依，有法必依，执法必严，违法必究”，这种主张与法家并无二致。以此为标准，革命造反，无法无天，是为“不及”；“无产阶级先锋队”理论，“灵魂深处闹革命”，则“过”而进入于儒。不过，依照官方说辞，所有这些都是马克思列宁主义的中国实践，与古人无关。看这些因素，或者可以说，过去半个多世纪的政治实践，非儒，非法，亦儒，亦法。然而，如果我们放宽历史的视界，通过纷繁的世象去观察国家社会变迁大势，说当代政治的底色是法家的亦无不可。法家崇尚强力，主张严刑峻法；通过编户齐民，消灭各种小共同体，令国民直接于国家；抑制私学，禁绝私议，垄断思想文化；统一思想，划一行动，大权集于上，建立举国体制。这些，都曾在当代社会条件下大规模地实行和实现，其影响至今犹在，而且事实上成为当下政治、社会和道德危机的一个重要根源，也是提高执政党治理能力须要克服的一大障碍。在此情形之下，主政者转而亲近传统文化，倡言德治，可以被视为一种利用儒家政治智慧校正可以行于一时但不能传之久远的法家式政治的尝试。

这里又可以析出几点。其一，有法可依、有法必依的法治，是所谓形式化的法治，不涉实质内容。而德治的提出，不仅涉及方法、途径如教化，而且包含了特定内容，如中华传统美德、社会公德、职业道德、家庭美德，还有包含自由、民主、平等、法治、敬业、诚信等诸多概念在内的社会主义核心价值观。这也意味着，德治可以补足形式化的法治内容上的空洞，而这也是建立法治信仰的条件之一。其二，在法治之外提出德治，恰似由统治的概念转向治理的概念。按官方说法，德治的目标是要建立一种法治文化，增强全体人民实行法治的积极性和主动性，让所有人“都成为社会主义法治的忠实崇尚者、自觉遵守者、坚定捍卫者”，这同治理所强调的自下而上的主动参与正相呼应。再者，德治肯定中华优秀传统文化以及公序良俗、家庭责任的重要性，同治理所重视的正式制度与非正式制度的互动是一致的。最后，德治还推重各类社会主体的自我约束、自我管理，承认市民公约、乡规民约、行业规章、团体章程等社会规范在社会治理中的积极作用，正合治理概念所倡导的社会治理的多主体和多中心。而这些，其实也是传统德治概念所包含的重要内容。因此，通过这个概念的当代运用，我们不但看到旧的思想观念的传承与发展，也能发现当下问题的某种历史文化根源。

当然，这并不是说，今天的中国社会与古代社会没有什么不同，过去的解决问题的办法，可以原封不动地拿来应对今天的问题。事实上，古今德治的观念本身就不相同，它们被运用在其中的政治和社会差别更大。因此，同样是讲德治，其含义和要处理的问题会有许多不同。也许，最大的一个不同是，传统的德治有礼治作支撑，不必讲法治，现今所谓德治却是由法治主题引申出来的，离不开法治概念。而且，同样是要消除法家政治的弊害，儒生只讲德治，也只能讲德治，今人却还要依靠现代社会的法治。这些差别的存在也引出一些可以考虑的问题。一个问题是法治与德治的关系。只说“坚持依法治国和以德治国相结合”“一手抓法治、一手抓德治”，并不足以阐明德与法在现代社会应有的关系。古时儒法相争，治人（德治）与治法（法治）适相对立。法家把讲求仁义道德之类视为足致亡国的有害之举，自然不讲德治。汉儒重建德治，虽然吸纳了法家遗产，也不是德、法并举，而是讲“德主刑辅”，“刑以弼教”，其立场是用刑而反对任刑，讲的还是德治而不是法治。今人在法治之外标举德治，就概念而言，可能因词害义，造成混淆。

另一个问题是，法家所谓治法，诚为法家政治的一部分，今人所谓法治，却被指望用来取代法家政治。现代的法治，自然不是古代法家的法治，也不是古代儒家的礼治，但在形式上，可能通法家的法治（形式化的法治），内容上，通儒家的礼治（传统美德，公序良俗）。当代的德、法结合论又强调“以法治体现道德理念、强化法律对道德建设的促进作用，以道德滋养法治精神、强化道德对法治文化的支撑作用”，似乎也期待着造就一种打上了中华文化烙印的法治秩序。这样一种秩序的形成，肯定离不开信仰。而我们关心的是，在一个日益复杂和多元的社会里，在一个全球化程度不断加深的世界里，这样一种法治秩序，以及人们对这种秩序的信仰，如何才能够建立起来？

有法与无法

110年前，美国国会通过了一项法案，根据这项法案，一个叫作美国驻华法院的司法机构诞生了。这个法院虽然设在上海，但性质上却同于美国联邦地区法院，对在“中国辖区”的美国公民（后来还包括来自美属殖民地菲律宾的美国“属民”，以及某些案件中从未涉足中国的美国公民）有民事和刑事的管辖权；它的上诉法院，是位于旧金山的美国联邦第九巡回法院，再往上，就是赫赫有名的美国联邦最高法院了。这件事听上去十分怪异，但是细查之下，令人惊异的事情尚不止此。比如，这间法院适用的法律十分庞杂，有古老的英国普通法，有美国国会制定之法，还有哥伦比亚特区市政法典以及阿拉斯加领地法典，甚至其中有些规定在阿拉斯加已经废除却仍然适用于此地。如此庞杂的法律，何者当取，何者当舍，一切付诸法官裁断，而法院实际上只有一名在任法官，彼一旦出行，法院审判活动即告中止。实际上，涉足该法院的当事人享有的权利极不充分，就是美国人引为自豪的宪法上的正当程序在这里也付诸阙如，以致有论者评论说，唯一不在这间法院适用的联邦法就是美国宪法。（参见[美]络德睦：《法律东方主义：中国、美国与现代法》，第6~7页，以下援引该书只注页码）

以今人的标准看，此种名为治外法权的司法制度不但怪异，其合法性也颇可质疑。但在当时，这种制度却是国际法上的一项重要内容，被视为当然，因为那古老东方乃是无法之地，出于这片土地的人民，既不知个人权利为何物，也不了解法治的真谛。支持这种判断的，有一整套关于东方，或者，更确切地说，有别于西方的东方的知识和话语。今天，人们把这套知识和话语叫作东方主义。

东方主义（Orientalism）这个词，自萨义德20世纪70年代出版了与之同名的经典之作后，早已为人所熟知。按萨氏的用法，Orientalism这个词有三层意思，第一层意思是指作为学术研究的一个学科，即所谓东方学；第二层意思涉及一种思维方式，即一套以全面区辨东方/西方为特征的想法；最后一层含义则指隐含于此二者中的权力话语，即“通过做出与东方有关的陈述，对有关东方的观点进行权威裁断，对东方进行描述、教授、殖民、统治等方式来处理东方的一种机制”，亦即“西方用以控制、重建和君临东方的一种方式”。（[美]爱德华·W.萨义德：《东方学》，第4页）

根据萨义德的看法，在后启蒙时期，正是通过东方学这样的知识和话语系统，欧洲文化才得以成功地以“政治的、社会学的、军事的、意识形态的、科学的以及想象的方式来处理——甚至创造——东方的”。（同上书，第4~5页）萨氏在这里没有提到法律，但法律却是实现殖民和统治的一种最重要的制度形式。就此而言，法律东方主义无疑是东方主义研究中一个不可缺少的子题。

萨义德的《东方主义》问世35年后，络德睦教授出版了他的《法律东方主义》。这两部书在思想上的渊源关系，由书名便可一望而知。甚至，说它们讲述的是同一个故事也不为过。不同的是，在络氏笔下，故事的场景从中东的阿拉伯改为远东的中国，登场的主角由英吉利、法兰西换成了美利坚，主要题材也不再是东方学，而是国际法。只看本书的副标题：“中国、美国与现代法”，这一改变就一目了然。

照传统的说法，当年英国在亚洲实行的是帝国主义政策，美国推行的则是自由贸易政策。但在络氏看来，这种区分遮蔽了美、英帝国主义实践根本上的一致性和连续性。诚然，作为起初是旧大陆秩序的反叛者，美国之为帝国不但晚出，采取的也主要不是领土殖民主义的传统方式。毋宁说它是借着在东方建立治外法权，成功地实现了一种非领土型的殖民主义（或称“非领土式帝国主义”或“没有殖民地的殖民主义”），其典范便是它在中国确立的法律帝国主义。因为这个缘故，络氏判定美国变身为帝国主义的标志性事件，便不是1898年美军到达马尼拉，也不是1854年佩里将军抵达东京湾，而是1844年美国与清廷签订《望厦条约》。而《法律东方主义》这本书要讲述的，便是这样“一个奇特但几乎被遗忘的故事：在整个19世纪，欧洲人对中国法所持的一套驳杂的偏见如何发展为一种美国的意识形态与帝国实践，从而使美国法在缺乏法律的截然不同的东方实施治外法权成为必要”。（第2页）

所谓法律东方主义，按络氏的说法，乃是一套关于何为无法以及何人并不拥有法的未被言明的文化预设。这也是近代法治话语中未被言明的核心成分，因为，若没有一个无法的、专制的他者来陪衬，法律现代性的世界也无以确立。（第9页）考虑到法治在现代性方案中的核心地位，把法律引入东方主义研究，其重要性不言自明。而以美国和中国为比较对象，无疑也极为恰当。因为，美国就是法治的楷模，中国则不啻是这楷模的反面，此种观念19世纪已然，于今仍盛而不衰，由此产生的话语实践更是影响深远。这些，正需要一种东方主义的分析来详加揭示。

西方的中国形象纷繁驳杂，迭经变化，有研究者将此变化纳入西方现代精神的形成过程之中，以1750年为界分为前后两段：之前的“中国”是西方人眼中的乌托邦，之后的“中国”则是西方现代意识形态的他者，（参见周宁：《天朝遥远：西方的中国形象研究》）变成“我们”西方不想或不承认成为的对象。一句话，东方迥异于西方，中国是西方诸国所不是的国家。这样一个作为西方反面的中国形象，在孟德斯鸠、黑格尔、马克思、韦伯这些“古典欧洲东方主义者”（第44页）的笔下日益丰满，深入人心，进而在西方支配东方的帝国主义实践中结出丰硕果实，这其中，就包括界定和规范近代东西方关系的国际法制度。

依通说，近代国际法制度始于1648年的《威斯特伐利亚条约》，据此条约，所有国家皆享有平等主权，成为国际法上的平等主体。只不过，这里的“所有国家”并不出欧洲范围之外，相反，若把目光投向欧洲以外，则图景大变。因此，络氏援用卡尔·施密特的看法，将1492年欧洲人发现新大陆视为国际法的开端。从这个视角观察，国际法的生长和扩展便不只是一个关于欧洲各国不断融入平等秩序的叙事，而是一个开始基于宗教差异、后来基于文化差异排斥欧洲以外国家的故事。在此过程中，法律也不再是一种服务于普世性全球认同的手段，而是“在全球范围内配置不同程度普世性的一种工具”。（第119页）在这方面，18世纪下半叶方始建国的美国当然不是始作俑者，但是当它通过与清廷签订《望厦条约》而获得诸多实质利益时，其手段的高明，就连一向思虑周密、极富统治经验的英帝国也自愧弗如。无怪乎嗣后列强在与中国签订同类条约时，无不将美式而非英式条款奉为范本。（第141页）美国也从此成为西方在东方的法律帝国主义制度化过程中的“全球领航者”。（第26页）

络著讲述的这个“奇特但几乎被遗忘的故事”，内容丰富，情节生动，意蕴精微，本文不能尽述，这里姑取一节以见其大概。

如前所述，法律东方主义的要旨，在于设定一个无法亦无主体的东方，进而推知识于权力，变意识形态为制度，将一套普世法律加于其上。确立治外法权，建立租界，适用领事裁判，诚为其题中应有之义，唯具体操作，临时变化，种种细微节目，足资考辨。这些方面，络著的描述与分析颇多可观，而其最可称道的地方还在于，这个东方主义的故事不是单向度的，而是多维的、流动的。换言之，这故事讲的不只是东方主义话语实践的单向展开，也是其反向展现，从而尽显其自相矛盾的过程。于是，法律东方主义的这一面，演成了一个美国的法律专制主义的故事，其中，意在为中国提供一种法律治理模式的驻华法院，实际提供的却是一种“法律的专制主义”，（第 26 页，详第 158 页以下）而想要将东方专制主义臣民阻拦于美国境外的愿望，更导致“美国境内某种法律专制主义的制度化”。（第 8 页，详第 142 页以下）以后者为例。

19 世纪下半叶，美国西部开发渐入高潮，开采矿山，修筑铁路，均对劳动力有大量需求。其时，美国与清廷订立《蒲安臣条约》（1868 年），允许华人移民美国，于是有大批华人劳工赴美。然而，跨大陆铁路竣工后，加利福尼亚州便开始限制中国移民。对此，华人的回应是诉诸联邦法院和宪法，维护其权利，尽管排华主张的一个重要理据是：华人天生就服从于东方专制主义，既无个人权利意识，也无法领会美国共和制度所捍卫的各种价值。联邦最高法院回应了华人的诉求，宣布移民事务专属于联邦政府，各州无权处置。然而对华人来说，那只是一个“误导性的司法胜利”。（第 144 页）因为该案判决实际关注的，其实是州权和联邦权力的重新分配，而不是对华人的权利保障。相反，自 1882 年开始，为回应美国国内日益高涨的反华情绪和普遍的经济衰退，国会颁布了一系列排华法案，对中国人进入和移民美国施以各种严苛限制。这些明显是种族主义的法律不但对数以万计的华人造成严重伤害，也直接违反了美国在《蒲安臣条约》中所作的承诺。具有讽刺意味的是，对于美国政府这种违反国际法义务的做法，联邦最高法院竟视为正当，而它给出的法律推理是这样的：国会有权将外国人排除于该国，这是其主权固有之权，这种权利并非出于宪法，而是源自国际法和主权观念本身。那么，美国所作的国际法上的承诺呢？法院的回答是，鉴于排除“外国人”的权利属于“主权事务”，相当于“不可让渡”的权利，它就此议题所作的任何承诺，皆可通过事后的立法单方面撤销。自然，法院以公允的姿态表示，中国政府若对此感到不满，也可以诉诸外交或“任何在它看来其利益或尊严可能要求采取的其他措施”。（第 145 页。“柴禅平诉合众国案”，1889 年）可惜，在当时的历史语境里，“主权”也好，“国际法”也好，对于美、中两国含义全然不同。诚如络氏所言：“美国对中国人的排斥是其国家所固有的一项不可转让的主权权利，而中国政府为排斥美国人进入广州以外的中国其他地域的努力，却被视为国际社会所不能容忍的一种反社会行为。而且，虽然美国不可能放弃（即便它愿意）它享有的将外国人排斥在外的本体论自由（ontological freedom），但中国签署的依此放弃了更大量主权的治外法权条约，却被视为中国对其拥有之‘主权’的完全正当的行使”。（第 145~146 页）国际法的情形也是一样。有论者指出，19 世纪联邦最高法院就政府外交事务所作的判例，常常将国际法引为美国政府行为的权威来源，同时却不把它视作约束政府的来源。如此，国际法被认为“既给了美国人排斥中国人进入美国的权利，又给了将中国‘打开’以让美国人进入的权利，以此使美国能出口其（普世）价值到中国，并将中国的（独有）价值拒之门外”。（第

146 页。重点号系原文所有）

有趣的是，美国的排华立法和判例并非孤立，它们一经作出，便立即进入到某种司法循环的全球链中，在不同国家的立法和司法机构中被相互引用和强化。比如，英国枢密院就援引美国联邦最高法院的推理来支持澳大利亚的排华立法，而美国联邦最高法院后来又把这一澳大利亚判例用作证明其判决正当的理据。而当 1892 年美国国会议员格里主张延长 1882 年排华法案时，他的一个理由是：提议的新法案明确仿效了具有典范意义的澳大利亚排华立法。还有人注意到，在一些欧洲国家，这些针对华人的歧视性立法和判例，被用来证明限制亚洲人、犹太人以及东欧人的正当性。最后，在美国国内，由此建立起来的不受宪法制约的“无限且专制的权力”，一种东方专制主义所“特有的”标志，除了施用于华人，也施用于领地居民（如菲律宾人和波多黎各人，尽管他们并非东方种族），施用于印第安人（“根据美国宪法的逻辑，在法律上，印第安人是他们自己土地之上的外国人”，第 148 页），甚至，施用于主要生活在犹他领地的摩门教民众。这些摩门教信众虽然皮肤白皙，但他们的生活方式如一夫多妻或集体财产制等，却与盎格鲁 – 撒克逊的美国生活方式格格不入。如果不把他们视为“身披美国人外衣的‘真正的’东方人”，（第 148~149 页引塔波特语）美国人的自我认同当如何维持？

按法律上的分类，排华法案及判决均属美国国内法，在遥远的中国建立治外法权则属于国际法，二者领域不同，法理各异，涉及的对象和要解决的问题也不相同。但从法律东方主义的角度看，它们干脆就是同一个故事的展开。在这个故事里，作为他者的中国和中国人只是配角甚至客体，但这个配角或客体却不是可有可无。借助于制定和实施排华法律，美国完成了对其国家的主权建构；通过在中国建立治外法权，美国实现了它的帝国构想。而比这些更重要的是，通过把中国界定为无法之地，把中国人视为不具个人意识的非主体，美国和美国人最终确立了自己作为自由、民主、法治楷模的世界形象。即使是在治外法权、排华法案都已成为历史陈迹的当下，这种世界形象依然屹立不倒。

上述情形意味着，法律东方主义并未随旧的治外法权的终结而终结，它依然存在，依旧支配着人们关于法律的想象，只不过，在新的历史条件下，它采取了一种更为曲折、更加隐晦但很可能也更加坚实的方式。比如，排华法案虽已废除，但是相关判例仍然有效，因这些判例而确立的绝对权力依然存在，只是其对象先后变成了共产主义者、同性恋者（20 世纪 50 年代）和恐怖分子（今天）。不仅如此，基于此类判例而产生的宪法法理学还延伸至如行政法这样极为重要的新兴法律领域，并在更广泛的范围里产生若干令人忧虑的后果。（第 228~231 页）更不用说，通过（1）建立海外军事基地的全球网络，（2）单方面扩展其国内立法的治外适用范围，以及（3）发挥一套国际机构如世界银行、国际货币基金组织、国际贸易组织等的全球影响力，当下美国法域外帝国的身形依然清晰可辨。（第 203~207 页）不过，在络氏讲述的这个当代法律东方主义的故事里，最精微也最动人心魄的部分恐怕还不在此。在以“没有殖民者的殖民主义”为题的结语一章，络氏写道：“作为自由主义和新自由主义制度全球化的结果，法律东方主义的话语在今日的中国与在美国一样盛行。

美国向发展中国家“输出”法律，这种尝试早在20世纪70年代的法律与发展运动中就有过一次。如今，人们正遭遇另一波同样是源自美国的现代法浪潮，这次浪潮挟历史终结论的滚滚雷声而来，一路摧枯拉朽，势不可当，而在古老中国上演的法制/法治发展，或许是整部大戏中最气势磅礴的一幕。其中，中国在千禧年伊始被批准加入世界贸易组织，又可以被看作戏中的一次高潮：一份史上最长的入世议定书，其中充斥旨在重组中国经济与法律体系的前所未有的特定指令，其数量与质量均超出对WTO任一其他成员国的要求，为此，世贸组织甚至超越了“它自身的宪法规则”。（第206页）之所以如此，一个重要的原因是，中国始终未能摆脱“无法者”的身份，它要获得接纳就须要成为“有法者”。如今，中国仍然身处这一通常被称为“转型”的过程之中，而“转型”在这里隐含的意思是：“现在无论中国可能采取何种不同的形式，这些形式最终皆非真正的形式。中国将一直处于转型过程中，直到它实现充分的‘现代化’。此外，‘我们’并不处于转型之中，在此种限度内，这就意味着‘我们已经到达’了最终目标：一个（高度理想化的）美国式的市场经济。”（第207页）其实，我们若放宽视界便不难发现，“转型”的历史至少自清末就已开始，且成绩斐然。今日之中国，无论在国家还是个人层面，都已在相当程度上权利化和法律化了。而在络氏看来，比之法律制度的移植，此一将法律主体甚至政治主体殖民化，从而创制出崇尚法律并依法律方式

构想政治的中国主体的大工程，才是现代法事业最大的成就。（第208页）

这是不是说，中国百年来的现代化之路完全是一个错误的选择，权利化和法律化带来的只是奴役而不是解放，或者，中国人根本就“无权”法律化和权利化？当然不是。那么，这个法律东方主义的故事要告诉我们的究竟是什么呢？

从认识论角度说，比较、区辨、他者化，这些是人们认识和把握世界的基本方法，这个意义上的“东方主义”原是一种普遍现象，见诸世界的不同文明和人群。问题是，经由东方主义形成的各种知识和话语往往以客观真理的面目呈现，隐含其中的意识形态和权力关系更是隐而不彰。因此，东方主义研究的第一要义便是要指出此类“真理”的建构性，进而揭示其中隐含的意识形态和权力关系。就此而言，络著的宗旨与其说是要纠正人们关于中国法（也是美国法）的错误认识，不如说是要理解历史如何塑造了这一知识领域，以及这一知识带来的种种后果。借用格尔兹的观念，法律是“构想现实世界的一种独特方式”，而在西方历史上，法律构想世界的最重要的他者便是东方，法律东方主义便是这种构想所采用的话语。（第2页）于是，关于中国，便有了这样一个被广泛传播和接受的“事实”：法律与中国无缘，中国文化与政治的一个决定性特征便是无法。（第3页）自然，对于任何一种称得上是严肃的思想来说，类此说法不能不加以限制和说明，因为没有人能否认这一事实：中国法渊源久远，中国历史上的“法律”典籍更浩如烟海。对这一事实的解释是：这些所谓“法”其实并非真正的法，因为它们或者是残缺不全的（没有民法），或者是实质的非理性的（韦伯的标准），或者不能约束国家、维护自由（法制而非法治）。（第 12 页）靠着类似这样的方法，一系列西方与东方、美国与中国之间的二元对立便整齐地建立起来了。比如：美国人崇尚法律，中国人服从于道德；美国实行法治，中国实行人治；美国民主，中国专制；美国人富于个性，中国人盲从；美国社会是进步的，中国社会则静止不变。由此描绘出来的图景不但具有整全性，环环相扣，而且具有纯粹性，无一丝矛盾在其中。既然特殊的、不可欲的价值都被归诸中国（他者），普世的、可欲的价值便都在美国（“我们”）这一边了。（第 56 页）以流行的法治话语为例。“冷战”结束后，“法治”名声大噪，与自由、民主、市场经济一道，被奉为放之四海而皆准的普遍价值。然而何为法治，人们难以达成一致，倒是在法治不是人治这一点上，大家分歧最少。然而，具有形式上的对称关系的这对范畴，在历史意义上并非中性，在文化意义上亦不能等同。简单地说，法治被认定是西方的、现代的和普世的，人治则被判定是非西方的、传统的和特殊的。二者不但泾渭分明，而且截然对立。但事实是，法治与人治的矛盾是内在的，存在于任何社会，包括像美国这样被认为高度法治化的社会。自法律现实主义出现之后，美国人，至少是有知识的美国人，当然都了解并能接受这一点。只是，当面对中国这样一个他者的时候，他们的评判又很容易变得黑白分明。法律的矛盾既然无法消除，只好通过把对立面放逐到他者国度的办法来加以控制。（第 14~16 页）然而，正如络著所描述的，当美国法和中国法在历史中相遇，由法律东方主义构建出来的黑白分明的纯粹性却无法维持。

着眼于方法论，我们可以说，法律东方主义，或者更一般地说，东方主义，秉持的都是所谓本质主义的二元论。西方与东方，美国与中国，都因为其固有且不变的本质上的差异而彼此有别。有意思的是，这种东方主义的认识模式并不必然导出对东方的负面评价。在启蒙运动早期以及更早时期，西方人描述（想象）中的中国是被高度理想化的。而在这一形象被完全颠倒的今天，借助于同样的认识论框架，东方也同样可以重新确立其“主体”地位。比如，通过把鸦片战争确定为中国近代史的开端（一种东方主义叙事），构造一段“中国人民站起来了”的寻获主体性的历史。或者，强调和高扬“亚洲价值”，把东方从被改造的客体转变为自足的主体。只是，如此建构起来的主体仍然是扭曲的，因为这种主体是按照西方的东方想象被预先规定的。正是着眼于这一点，络氏努力探求并倡导一种比较研究的伦理，这种伦理不是为了规范已经被预先设定了的主体，而是用来规范主体形成的条件。为此，他打破了人们熟悉和惯常使用的范畴，在这些范畴之间和之外去寻找新的主体。比如，他重新讲述了中国亲属法和美国公司法的故事。按他的讲法，中国亲属法在历史上发挥了现代公司法所具有的许多功能，更重要的是，当代美国公司法的许多方面可以很容易地类推适用于亲属法的规范。这是一个把中国亲属法解读为某种公司法，同时将美国公司法的某些方面解读为亲属法的思路。其最终答案不是非此即彼的，而是亦此亦彼的。（详第三章）这种去中心化的策略消解了普世与特殊之间的对立，使关于某种新主体的构想成为可能。而这种可能性正是他在中国当下的法律与社会变迁中去着意发掘的。

在聚焦于当代问题的最后一章里，络氏延续了之前对亲属法和公司法的分析，以期发现一种可能的新的公司主体。他发现，当下中国存在一个融合了儒家自我、社会主义自我以及自由主义自我的主体结构，它超越了西方式的国家—个人的公私二分。同样，他还注意到，惯常合法与非法的二元规则结构远不足以涵盖中国纷繁的社会现实，相当领域范围内的活动似乎应被描述为不法的（unlegal）、非关法律的（nonlegal）或超逾法律的（extralegal）。在许多人看来，这些依正统理论难以解释的现象只是一些“例外”，并无理论意义。说到底，中国所发生的一切，除了证明已经在西方实现了的普世性，别无意义。但在络氏看来，正是这种东方主义思想方法扼杀了人们的想象力，以至于人们只能在“理想化的自由个人主义与东方专制主义的社会主义变种之间做出一种虚假的、可预知的意识形态‘选择’”。（第 212 页）其实，他并不否认权利话语在今天中国具有的政治和经济方面的积极意义，他只是要提醒人们，权利的自由仅仅是一种自由，而非自由本身，因此，我们不应放弃其他种类的自由。他又引用另一位中国法研究者的话说，相对于不断提出那个支配中国法研究的形而上学问题——“中国有法治吗？”——“我们”应该问的是：“中国应当存在与我们当前构想的概念一样的法治吗？”（第 59 页）由此，他构想了一种依“中国普世主义”方式重塑法治的可能性，他把这种可能称为东方法律主义。

从法律东方主义到东方法律主义，这一转变不但意味着对东方主义的超越，更意味着中国主体性的产生，而这恰也是当下中国社会内部越来越响亮的一种呼声。络氏显然也注意到了这一点。他提到若干中国读者熟悉的作者和说法，有关于法律的“三个至上”理论，有法治的本土资源论，有儒家风格自由主义的民权说。但这些恐怕还不是他所说的东方法律主义的成功范例，而只是“使用法律理论做武器”的若干事例（第221页）。这些事例的一个共同点，是它们都试图抵抗流行的法律东方主义话语的压迫，主张中国的主体性。然而，无可否认的是，这些理论不但来源不同，实践含义不同，甚至目标也不一致：它们确实都想要确立中国的主体性，但它们所想象的中国仍需仔细甄别。正如法律东方主义可以有不同的运用，中国主体性的含义即使对中国人自己也不相同。这里，我们可以发现络著的一个“盲点”，那就是，他笔下的“中国”基本上是个单数，而这原本是他着力分析和批判的对象——东方主义或法律东方主义——具有的一项特征。尽管他采取的揭露和消解东方主义的策略是有效的，但是对于生活在“中国”内部的我们来说，那仍然是一种外在的视角。而从一个内在的视角来看，东方主义并不仅仅是一套“西方用以控制、重建和君临东方”的方式、机制和话语，自我东方化也不只是产生东方屈服于西方的结果，它们还意味着中国社会内部支配关系的一系列改变。换句话说，经过适当的吸纳和改造，东方主义可以（事实上也已经）变成中国社会内部（复数的）一部分人通过，我们且仿照萨义德的句式和说法，作出与中国有关的陈述，对有关中国的观点进行权威裁断，对中国进行描述、教授、殖民、统治等方式来控制和支配（同样是复数的）另一部分人的话语和机制，不仅如此，在某种情形下，它甚至可以变成这个社会内部的被支配者反抗支配者的话语。这种情形使中国语境中的东方主义话语具有多重含义。基于这一点，诸如中国加入 WTO 这样的事件就可以被重新认识和评估，中国的所谓“转型”也可以被重新理解和定义。也是基于这种认识，我们在此不妨对络著中译本出版的意义作一点预判。

数十年前，萨义德谈到《东方学》在被接受过程中遇到的误解，其中最大的误解莫过于把他的观点视为一种“反西方论”。这种看法一方面把东方学视为整个西方的隐喻或缩影，进而认为“整个西方就是阿拉伯和伊斯兰或者伊朗、中国、印度和其他许多遭受西方殖民和偏见的非欧洲民族的敌人”；另一方面又认为，伊斯兰是完美无缺的，《东方学》所为就是对伊斯兰主义或穆斯林原教旨主义的支持。（《东方学》，第 425 页）在一种较为温和的意义上，类似情境（只需把阿拉伯换成中国）未必不会成为这本《法律东方主义》遭逢的命运。络氏自己就引用某位中国学者的看法说，[当初]对欧洲中心主义的批判倾向于倒退到中国的民族主义。而在官学两界竞相强调主体意识、社会上民族主义情绪高涨、各色帝国主义阴谋论流行的今天，这种倾向只会有增无减。而一旦落入这样的语境，络著、也是当年《东方学》力图要破除的本质主义的二元对立，恐怕不是被消除，而是愈加强化了。然而，换一个角度看，经历了数十年快速发展、如今正在重思以往展望未来的中国，正需要不只是针对他者而首先是针对自我的真正有力的批判意识去拓展其想象力。就此而言，络著的引入可以说正逢其时。所以，可以预想，关于络著以及其他同类叙述，会有旨趣不同的诠释，这些不同的诠释最终又会被编制进不同的更大的叙述当中，成为构筑新的中国主体性的思想资源。此时，我们需要牢记并时时提出的仍然是这样的问题：谁的中国？谁的主体性？

（［美］络德睦：《法律东方主义：中国、美国与现代法》，魏磊杰译，中国政法大学出版社 2016 年版。

［美］爱德华·W. 萨义德：《东方学》，王宇根译，生活·读书·新知三联书店 2007 年版。

周宁：《天朝遥远：西方的中国形象研究》，北京大学出版社 2006 年版。）

黑狗和黄狗

访问政治大学期间，住学人会馆。会馆是一幢带天井的四层小楼，坐落在校园对面的小街上。这是那种旧式街道，街道两边是民居及各式店铺，生活便利，市井气氛浓厚。

安顿下来不久，我即注意到此地一个“特殊居民”——一只黑狗。这大概是那种俗称土狗的本地狗，体型中等，色黑，杂有白毛。这样的毛色，加上看上去不算轻盈的步态，给人印象是它已步入中老年。显然，它不属于任何人，但它属于这条街，这个地方。夜晚，行人稀少，看它在路灯下踽踽独行，不免心生凄凉之感。不过，很快我又发现，它不是这条街上唯一的狗民。一条黄狗，看上去比它年轻，也更活泼，经常追随左右。

从学人会馆到政大校园，步行约 10 分钟。从最近的大门进去，是学校的田径场，那里的一道风景，竟也是流浪狗，它们或坐或卧，或行或走，自由无碍，俨然为校园一分子。而且，我有点惊奇地发现，它们不是黑狗，就是黄狗。后来有机会旅行台岛，东至花莲，南到鹅銮鼻，所见户外游犬，大多为这种非黑即黄的土狗。我把这个“发现”告诉台大的 L 教授夫妇，他们大为惊奇。而据他们事后观察，我的这项“发现”确有实据。

关于台北的流浪狗，我的了解最初来自我国台湾地区“中研院”的 Z 教授。他曾经收养不止一只流浪狗［其中最让他挂心的那只名叫“黄黄”（又是黄狗！）。“黄黄”最后老病而死，令他伤心不已］，还常常在居所附近喂食流浪犬，有时为此同邻居产生纠纷。从他那里得到一个印象，台北的流浪狗是一个社会问题。因此之故，这次在政大及我国台湾地区各地见到流浪狗，我一点也不觉得意外。

我对流浪狗的注意，引出 L 教授的一段故事。他告诉我，他所在的学院有两只“院狗”，是一对母子，狗妈以前就是流浪狗。最初，保安对流浪狗实行驱逐政策，不容它们在校园安家，后来发现，流浪狗驱之不尽，旧的走了，新的又来。倒是有狗在这里的时候，其他狗便不来了。因为狗有地盘意识，先来后到，自有秩序。于是，保安便收留了一对狗夫妻，夜里在校园巡逻时带上它们，既壮声势，也少了寂寞。昔日流浪狗，升等成了“院狗”。后来，狗爸老病而死，遗下这对母子。狗妈也日渐老迈，体弱目盲，已不能胜任巡逻护院工作，现在寄养在一位爱狗老师家中。剩下还在任上的这只院狗，年前被发现患有癌症，手术治疗，花费不菲。L 教授这几年主持院务，每年经手编制预算，其中一笔专为这两只“院狗”而设。当然，在正式预算表上，这笔经费只能列在学生动物保护社团名下。如今，L 教授所在院系即将调整，学院原有独立预算将要被并入大学预算之中，L 教授正在发愁，不知道将来这笔钱从哪里出。

关于我国台湾地区的流浪狗，我还有更切近的观察和经验。

在台期间，曾有机会作环岛游。那日在屏东，一路游览，最后一站是著名的鹅銮鼻公园。鹅銮鼻在台岛最南端，一面临山，三面环海。园内绿草如茵，林木茂密，更有白色灯塔矗立。入园不久，我即注意到远处坡上有狗 4、5 只，在林边草地上追逐嬉闹，十分自在。看那情形，这些犬只若非园中饲养，定是流浪狗无疑。一小时后，我从海边穿过密林折回入园处，就见同行的两个大陆交换生神情紧张，从另一条路走来。原来，他们在坡上遇到那几只狗，见其顽皮可喜，忍不住上前逗弄，孰料其中一只白色小犬竟扑上来，在那男生腿上咬了一口。两人大惊，撒腿狂奔，落荒而逃，引得狗儿们在后追逐，其情甚是狼狈。而在此刻，最让人担心的就是“那一口”。我也很关心同学的伤势，但待他挽起牛仔裤裤脚，我大大松了口气。因为令人丧胆的“那一口”，只在小伙子腿上留下一道不显眼的白痕。看来，小白狗的“那一口”，戏耍的意思多于攻击。尽管如此，小伙子仍然忧心忡忡，坚持要注射狂犬病疫苗。我告诉他，我认识的“中研院”Z 教授的太太，喂食流浪狗时不慎被咬，手背血流如注，缝了数针，医生也只是为她打了防止破伤风的针，因为中国台湾地区不属狂犬病疫区，人被狗咬，无须注射狂犬病疫苗。何况他这种情况，连个狗牙印都没有，大可不必恐慌。然而，我的劝慰没起作用，学生还是心神不宁，执意要打狂犬病疫苗。无奈，一行人只好回到旅行大巴车上，赶去数十公里外镇上一家医院。

车到医院时天已经完全黑了。那段时间，甲型 H1N1 流感正盛，若非不得已，人们绝不进医院大门，加上是夜晚，除了两例急诊病患，无人就医。当时我是车上唯一的师长，自觉有责任，所以陪学生下车去看大夫。大夫看过伤情，果然如我所说，只开了一只预防破伤风针剂。学生不放心，仍要求注射狂犬病疫苗。大夫的解释跟我之前说的一样，只是更加细致，最后还加了一句：有症状再来看。学生则质问式地说：有症状不就晚了吗？为安慰患者，医生只好又加开消炎、止痛、胃药及外用药膏若干。

其实，大陆学生的“疯狗”恐惧症并非无因。近十数年，有关狂犬病事件的报道在大陆时有所闻，在这些事件中，查有实据的狂犬病病例无多，政府极端而至于非理的应对措施，某些专家貌似专业的误导之词，媒体极尽夸张的报道和宣传，则比比皆是，民众对于狂犬病的无知及恐慌心理因此而成。凡被猫狗抓咬者，必去医院注射狂犬病疫苗（因为据说健康犬也可带毒！）。医院则来者不拒，一概注射疫苗以对，有的甚至注射不止一次（因为据说狂犬病潜伏期可长达 20 年！）。以至于被鸡啄伤者甚或被老婆咬伤者也去医院要求接种狂犬病疫苗。有报道说，中国大陆已经是世界上狂犬病疫苗消费的最大市场，国家每年用于狂犬病防疫的费用超过一百亿元。这其中经济利益之巨大不难想见。

话说回来，祸因流浪狗而起。鹅銮鼻公园中弃狗咬人之事，据说常有。政府虽有捕狗队专司此事，但要捕得肇事犬只亦非易事。流浪狗能够存活至今，自有机灵过人之处。它们所处的社会环境，也未必都对其不利。但是无论如何，流浪狗的存在为一社会问题，应当予以正视和解决。

流浪狗之由来，多为遗弃，而狗之所以遭遗弃，又是因为饲主不负责任。现代都市社会，作为伴侣动物的猫、狗数量大增，问题也随之而来，因弃养而导致流浪狗增加就是其一。在我国台湾地区，养狗潮随社会经济发展和人民收入提高而兴起，弃养则因生活忙碌和空间拥挤而增多。这问题在 1991 年前后最严重。因为无人照管，流浪狗生存状况不佳，它们暴露在各种伤害和危险之下，同时也可能成为问题之源，如扰乱秩序、污染环境、传染疾病、伤及其他动物甚至无辜人众。不过，这些都不是狗的问题，而是人的问题。因为，流浪狗问题根本上是因人而生，而如何规范饲主行为，减少流浪狗，又如何对待已有的流浪狗，减少因它们存在产生的问题，也不仅是行政问题、法律问题，还是教育问题、道德问题。对待这些问题的态度，和解决这些问题的方法，不但反映了政府的治理水平，也折射出一个社会的文明程度。

我国台湾地区现在处理流浪狗问题所依据的主要规范，是 1998 年颁布的“动物保护法”。此前，适用于地方的畜犬管理规范如“台北市畜犬管理法则”(1997 年)，规定了畜犬登记制度和对虐待、弃养畜犬的处罚等事项，但那主要是为了加强畜犬管理和预防狂犬病发生，而不像“动物保护法”是“为尊重动物生命和保护动物”而立。就此而言，说“动物保护法”之设立，为我国台湾地区道德与文明进境的一个标志，不为夸张。我国台湾地区对流浪狗的处理，也因此进入到一个新的阶段。

“动物保护法”的施行，辅之以全台统一的宠物登记制度，以及各地方当局的鼓励和宣导措施，如前期减免登记费、犬只绝育补助、免费晶片植入，还有相关教育活动等，法律实施效果显著。比如在台北市，1999年流浪犬的数目为5万5千只，经过两年多努力，流浪犬的数目在2001年就减少到1万1千只。凑巧的是，“动物保护法”颁行，正是马英九出任台北市“市长”之年。1999年年末，马“市长”在其就职一周年演讲中，缕述其治下六大改革功绩，其中第六部分：“永续的都市环境”，即列入流浪犬一项。据他所述，台北市政府有三项全台首创，包括订立“弃犬处理方案”，创办“委托动物医院协助收容爱心犬专案”，推动“校园安全守护犬认养措施”，兴建“台北市安康爱心犬人道教育中心”。藉由这些措施，“市府”大力推广犬只晶片植入及登记，鼓励犬猫绝育，一年中植入晶片的犬只将近7万，每月为300多只流浪犬找到收养人。新任“市长”在演讲中还提到一个细节，即“市府”在捕犬车后侧改装升降平台，避免犬只上下受伤，“显示我们以爱和关怀为出发点来处理流浪犬工作，绝不会因为牠们流浪街头，就粗暴相对”。这一说明与“动物保护法”主旨正相同，而把流浪动物处置和动物保护列为市政议题向民众报告，也让我们看到立法和施政背后的社会推动力。

我造访政治大学，距马“市长”作上述演讲已经10年。其时，流浪犬没有绝迹，人与狗如何相处，也仍然是一个社会问题。但是藉着“动物保护法”，流浪动物处置已经有了一套日渐完善的制度和文化。这方面的情形，可以通过校园流浪犬现象加以观察。

其实，校园流浪狗并非只见于政大，而是全台所有大学都面对的问题。盖因大学边界开放，空间广大，猫狗易于觅食，更有好心学生喂食，为不少民众弃养动物的首选之地。校园流浪狗带来的问题与社会上的情形一般无二，学校师生员工被狗惊吓和追咬之事，尤其令校方头疼。以往，校方处置校园流浪狗的办法，无非是请市政环保局或动保处一类机构，依法实施捕捉。这种做法固然可以解决若干当下问题，但也不是治本之道。因为流浪狗层出不穷，被捉流浪狗空出的地盘，很快会被新的流浪狗填补。新来者要适应环境，人与狗互相认识也要重新开始，反而造成新的问题。此外，被捕捉流浪狗若无人认养，最终难逃一死，这也让人不忍。因此，各大学动物保护团体多反对这种简单处置办法，而主张以不同方式保全流浪犬生命，促进人与流浪犬和谐相处。这些主张和尝试里面，最有影响的，大概是台湾大学首先实行的 TNR 方式。

所谓 TNR，乃是英文 Trap（捕捉）、Neuter（绝育）、Return（放回原地）的缩写。采用这种方法，既可保全流浪狗性命，又可控制其数量，还可以维持校园狗秩序，最为可行。因此之故，此法既经台大实行，很快就为其他学校动保团体学习引进，作为解决本校流浪犬问题的有效办法。

早先，政治大学的动保团体“尊重生命社”打算效仿某些学校的做法，建立所谓校犬制度，但未获成功，后又与校方多次协商，希望采用 TNR 方式管理校园流浪犬。学生的努力终于获得回应。2009 年 10 月 7 日，校第 621 次行政会议讨论决定，暂停捕狗 4 个月，改行 TNR 方案。此后，在第二年 4 月 7 日的校第 625 次行政会议上，校总务处提出要订立本校校园流狼狗管理办法，其具体内容包含四个方面，据说是总务处之前与“尊重生命社”协商达成的共识。这次会议同意将 TNR 方案继续实施 6 个月，并要求总务处和“尊重生命社”在 10 月 6 日的第 627 次行政会议上提出报告检讨。在半年后的这次会议上，总务处作了《校园流浪狗管理与 TNR 制度》的专题报告，并获校长“裁示”。“裁示”的主要内容是：未来学校对流浪狗的管理政策，在狗只数量未明显增加的前提下，仍以 TNR 制度为运作核心。

不过，事情到此并没有完。2011 年 3 月，在未经“尊重生命社”知晓和同意的情况下，一只校园流浪狗被市动保处派人捕走。此举再次引发“尊重生命社”师生不满。2012 年 1 月 13 日，第 167 次校务会通过《“国立”政治大学犬只管理原则》，公布于学校网站，其内容如下：

> 校园内有伤人记录、具潜在攻击性（如习惯性追逐人车、连续对人吼吠等）、有传染病之犬只，优先捕捉移置。
>
> 本校校园除导盲犬及政府机关工作犬外，民众携带犬只，应依规定系狗链或做好防护措施，否则得不允许其入校，已进入校园者，得予驱离。

民众不得将犬只纵放于校园，违者视同流浪狗报请台北市动物保护处捕捉移置。

民众犬只在校内便溺应立即清理，违者告发取缔。

校园内禁止喂食流浪狗，违者告发取缔。

此举被理解为校方将改变以往政策，全面扑杀校园流浪狗。学校环保组负责人出面解释，说学校不会主动捕捉犬只，只会针对犬只攻击行为，通知动保处协助处理。但是这种解释似乎不够有力。因为事实上，确实有一种要求校方“净空校园流浪狗”的声音，学校管理层则准备就此作出决定。面对这种情况，反对者认为“净空不合理、不人道，也不符社会价值”，因此在网上发起“阻止政大捕抓校园狗去收容所安乐”联署行动，很快征集到 1300 多人签名。校长则表示，这一次有关校园流浪狗问题，表决前要召开公听会讨论。

校园流浪狗问题不易解决，实是因为，大学是社会的一部分，校园流浪狗问题，不过是社会上流浪狗问题的延伸。弃养行为不止，流浪狗即不能绝，校园流浪狗问题就存在。至于 TNR 或其他诸如此类的办法，也只是处置流浪犬的当下措施，并不能杜绝流浪狗的产生，甚至不能完全解决一般因流浪狗引发的问题。要解决这些问题，最关键的是禁绝弃养行为，而要做到这一点，合理的法律、良好的行政，政府与民间团体的配合，以及卓有成效的宣导和教育，缺一不可。在这些方面，台湾地区社会的努力与成绩均甚可观，其经验教训亦足资借取。

在我国台湾地区，“动物保护法”确立了人与动物关系的法律架构，也提供了有关犬只管理的法律基准。“行政院”之下的“农业委员会”，连同各地方当局，负责执行相关“法律”，在各自范围内制定政策和措施，以落实法律原则。这其中，除犬只登记、晶片植入、疫苗接种和禁止弃养等制度外，推广猫犬绝育和鼓励犬只认养，为控制犬只数量和解决流浪狗问题的重要措施，而有关饲主责任的及时而有效的教育，更有助于普及养犬知识、提升饲主道德，从而建立健康良好的人与动物关系。我国台湾地区“监察院”2011 年 9 月 9 日的一份审核意见书，就为我们展示了这方面“政府”作业的情形。

这份审核意见，针对一桩台南市流浪狗肇事造成农人经济损失案件善后事宜，涉及“农委会”和台南“市政府”。其中提到该市动物防疫保护处制定的旨在增加流浪犬认养机会的“畜牧工作犬计划”，以及“改善流浪动物管理策略”三年计划，后者包含“源头管理”“流浪犬捕捉、绝育、收容、送养”“教育与加强查缉”“永久收容规划”等内容，并要求“农委会”对实施进而推广这些计划提供必要的协助。我们从该意见中还了解到，为监督地方当局落实犬只管理政策，“农委会”曾于当年 3 月召开检讨会议，主要涉及“执行强化宠物登记稽查方案”“增编经费积极提升犬只绝育率”“落实执法并规划检举奖金制度”等。据说，实行这些措施的结果，令 2011 年宠物登记率较上年增加 35%。“监察院”的意见书还提到一应教育措施，其中，已行的有“农委会”制作的“忠犬小八”电视广告，以及其所编列的两项环境教育教案:《作一个负责任的饲主》和《动物与人之间的和谐》,未行的则包括制作和发放禁止弃养犬只的宣传单、于适当场所张贴同类海报、鼓励地方当局依“志愿服务法”成立“养狗环保道德教育宣导志工队”,在公共场所宣导文明养犬。显然,实行这类措施涉及多部门之间的协调配合,意见书的附录里,在各市、县之外,提到的就有内政、教育、环保、新闻等数个部门。意见书没有提到的,还有司法和民间动物保护团体。前者适用和维护法律,实现司法正义,后者则不但活跃在动物保护第一线,而且推动改革、完善动物保护机制,均为中国台湾地区动物保护图景中不可或缺的部分和环节。

对于上面勾画出来的图景,大陆读者或者不完全陌生,因为其中涉及的问题,以及解决问题的办法和制度,在中国大陆也已经出现。不同的是,这里还没有类似“动物保护法”那样的法律规范,以至于对动物的虐待比比皆是,却不受法律惩罚,遑论弃养动物行为;高额的养犬登记费用,成为养犬人的沉重负担,结果只是促使更多饲主逃避登记。另外,政府每年收取巨额登记费用,却没有用来为猫狗绝育或对弃犬认养者减免费用以鼓励认养。事实上,政府对这笔巨额费用的使用,过程未透明,也未受公众监督。此外,大陆的民间动物保护团体和个人从一开始就处境艰难,虽然他们在推动中国的动物保护事业方面厥功甚伟,但要获得合法身份极为困难,更不用说在事业发展上得到政府的优惠政策,结果通常是让自己陷入困境,难以为继。在这些方面,我国大陆与我国台湾地区之间的差异甚为显明,个中原因令人深思。

（有关政治大学流浪狗管理原则，以及文中提到的台“监察院”审核意见，还有关于我国台湾地区流浪狗管理政策和现况之说明的“农委会”公告等，参见 http://nccuga.nccu.edu.tw/envir/pages.php？ID=envir7。

有关我国台湾地区犬只管理规范、政策及实施情况，可以参考费昌勇：《动物伦理与公共政策》，台北，商务印书馆 2005 年版。）

两则“虐猫案”判决

从台北回来不久，台大L教授来函，告诉我他正在台大就读的女儿成功转入兽医系，说这下我们可以多为两岸动物保护法规与关怀生命共同努力了。信中还附了台北“地方法院”新近作出的一则“虐猫案”判决，对主审法官的“动物权思维”大表欣赏。4个月后，L教授又传来同一案件的终审判决，并对终审判决的“有所倒退”表示遗憾。

读这两份“虐猫案”判决，感觉十分新鲜。我国台湾地区“动物保护法”颁布于1998年，历史虽不长，但是意义重大。一个社会能“为尊重动物生命及保护动物”（该法第1条）立法，表明了这个社会道德与文明的进境。不过，法律归法律，社会归社会，法律与社会不相连接的情形也不少见。要了解法律的实际功效，法律介入生活的深度，司法裁判是一个窗口。另一方面，现代法律为一专门领域，有其特殊功能，法律解释与推理，也自成系统。由此造成法律与社会生活既交互作用，又相互隔离的关系。这些，也可以通过司法裁判加以观察。

这起“虐猫案”的被告，是台大某研究所博士生丁某。据一审判决书所载事实，该丁某借助于一个“猫咪论坛网站”，以收养猫咪之名，骗取饲主信任，先后领养猫咪数只，而将其中至少三只故意凌虐致死。案经台北市政府“警察局”告发，台北地方法院“检察署”检察官侦查起诉，经简易程序审理，“法院”判定丁某被控虐猫致死事实清楚，其违反“动物保护法”罪名成立，三桩过犯，分论并罚，“各处有期徒刑柒月，应执行有期徒刑壹年陆月”。一审判决后，丁某提出上诉，案经我国台湾地区“高等法院”审理，一审判决遭撤销，丁某被改判为“有期徒刑陆月，如易科罚金，以新台币贰仟元折算壹日”。事在 2010 年 。（详见我国台湾地区台北“地方法院”刑事判决 98 年度易字第 2872 号和台湾“高等法院”刑事判决 99 年度上易字第 1000 号）

本案一审适用简易程序，由一位独任法官审理并判决。程序虽称“简易”，判决却不马虎。裁判书洋洋洒洒，近两万言。判决“主文”之下，先述“事实”，再陈“理由”，其中，犯罪事实之认定、法官心证之理由等项，阐述极尽周详。最后的“论罪与科刑”部分，给人印象尤深，兹引录于下：

(一)按生命无价,众生平等。“人”与人类以外之“动物”俱为宇宙之一环,就生命之尊严与价值而言,并无畸轻畸重之分,此所以“动物保护法”第1条开宗明义立法意旨所在。

(二)以人为中心之时代,随着人类文明进步与环境生态保育之重视与了解,本应有所反省。“万物俱为我所用”之观念,业因人类之利己与盲目,遭到大自然之严重反扑。人类对这世界不应再抱持“唯我独尊”之观念,而应对万物产生敬谨与感恩之心。面对大自然、面对万物,人类应放弃傲慢,学习谦卑。

(三)动物基于生存之需要,固有时不得不以杀戮为手段,而形成弱肉强食之社会,然此种适者生存之丛林法则,始终亦只以杀戮为求生之手段,而非以杀戮为最终目的。况人性与兽性间最大之区别,即在于人类较一般动物具有更高的智慧与发自于内心之慈悲,于生存竞争之环境中,纵不得已须剥夺其他动物之生命法益,然仍应以最公道、温和之方法为之,而尽量减少其它动物之痛苦与恐惧。所谓“闻其声而不忍食其肉”,此种“不忍人”之“悲心”,实是人性中最光辉之层面,也是人之所以异于禽兽之所在。否则人性又有何值得尊重可言?

(四)“人为万物之灵”,然并非指“人”为万物之主宰。观察一个社会文明进化之程度,主要系看其人民对待动物之态度。因为动物与人类相同,均为有情有觉之众生。一个懂得尊重与保护动物，不以强凌弱，不以众暴寡之社会，才能彰显人性尊严之价值，也才值得尊重。若生而为人，却滥行杀戮，且于杀戮之余，另又施以凌虐，将自己之快乐建筑在其它生灵之痛苦上，又岂是自诩为“万物之灵”之人类所应为？所忍为？

（五）按“是非、羞恶、恻隐、辞让之心”，称为“人之四端”。有是非之心，始能明辨对错；有羞恶之心，始能闻过辄改；有恻隐之心，始能推己及人；有辞让之心，始能谦卑自省。而本案被告为高级知识分子，却全无“慈悲”之心、“悲悯”之念，以欺凌完全无自救能力之弱小动物为乐，视“生命如刍狗”，全然无视于动物也有感觉、恐惧与生理、心理上之痛苦，而充份表现出人性中最黑暗与堕落不堪之一面，且于事件经揭发后，仍不知悛悔，甚至全无检讨或认错、改过之意，堪称既无是非之辨，悲悯之心，亦无改过之念，更无谦卑自省之态度，实有处罚之必要。

法官接着指出，被告之虐待、伤害行为并非临时起意，而系有计划、有目的之行动，而受其伤害之幼猫，既无攻击、伤害被告之可能，对其伤害也无反击、逃避之能力，是被告之虐猫行为与杀婴无异。不唯如此，被告身为社会菁英之一分子，不能为人表率，反于事后饰词狡赖，全无悛悔之意，因此不宜缓刑。而其蔑视刑责，无视法律尊严，亦不宜宣告易科罚金之刑，“否则何以惩凶恶、儆刁顽！”

法官于其判决中诉诸人性、良知、动物伦理，直斥被告之败德行为，不掩其嫌恶，这种做法让人们忆起中国旧时的司法传统。而中国法律的现代化，正是由破除这一传统入手的。根据近代以来据支配地位的实证主义法律观，法律与道德应当被区隔为二：法律与道德无关，讲法律即不必讲道德。因此，本案主审法官写下这样的判词，难免让人讶异。考虑我国台湾地区司法制度的发达程度，这一点更显得非同寻常。

批评者可能会说，法官将个人道德信念带入司法裁判，会削弱法律的客观性和确定性，因而是危险的。不过，以为法官适用法律之活动，有如自动售货机售卖货物，无须主体介入及创发，这种看法之天真，早已为人们所认识。而且，就是在现代社会，法律与道德之关系的紧密与复杂，也不是简单、机械的形式主义法律观所能够把握。本案涉及的“动物保护法”，基于动物自身利益立法，其着眼点，在于对生命的尊重。虐待和残害动物的行为，因为其对生命的侵害受到惩罚，这背后的考量，是道德的，而非财产的或其他的。本案主审法官把这一点明白揭示出来，不能说不恰当或与案件无关。事实上，法官对所适用法律的理解，在其评估被告恶行进而衡量刑罚轻重时也并非可有可无。不过，下面这一点也很清楚：本案被告被控之罪名成立与否，并非径由主审法官的道德确信引出，而是取决于相关证据的坚实及关联程度，取决于法官心证之理由，以及在此基础上所作的法律推理。裁判书最坚实、最详尽的这一部分，在支撑起整个判决的同时，也防止了司法擅断。

“论罪与科刑”部分这段议论，除了彰显本案主审法官的个性，还揭示出法律的一项重要功能，即社会教化功能。这曾经是中国旧时法律的一项重要功能，但却在法律现代化过程中悄然丧失。如果法律与道德全不相干，法律过程自然与教化无缘。但在本案中，借着阐释法意，主审法官刻意宣示法律背后的道德理念，把道德训诫引入司法裁判，从而将现代法律教化人心的功能展露无遗。而在这样做时，他很自然地运用了传统的语汇和手法，力图将传统宗教及道德观与现代生活及制度融汇于一。

二审阶段，由三位法官组成的合议庭并没有对此表示异议，相反，在二审法官看来，上诉人丁某确实犯有恶意虐待、伤害动物致动物死亡罪，其所作辩述，“显系事后畏罪卸责之词，均不足采”，而其“恣意残害动物之生命，恶性显属重大，对社会善良风俗之影响亦甚巨”，故应依法论科，“以达惩儆及教化之目的”。至于将一审判决撤销，将本案被告改判较轻刑罚，则另有理由。这理由主要有二。其一，据二审法官之见，原审认定丁某虐待致死猫咪的三起过犯，有两起证据不足，未能达到排除普通人之合理怀疑的程度，故不能据以为定罪。其二，刑事被告人依法享有自由陈述及辨明或辩解权，不得因此被判定为不思悔过而招致惩罚，而且，上诉人并无前科，于此案中亦非全无反省悔悟之心，凡此种种，均可作为减轻处罚之考量。

显然，二审法官更注重对刑事被告人的保护，因此更强调诸如合理怀疑原则或被告人的防御权。此外，在评估和衡量具体情节时，二审法官也明显倾向于发掘与丁某有关的可悯因素，以减轻其刑责。由此推测，二审的三位法官对一审裁判书中的动物伦理宣示有所保留，而欲以更严格的论罪科刑标准平衡之，也并非没有可能。如果这种推测能够成立，我们就触及司法活动的一个秘密，即法律之客观性或确定性的人为性和相对性。

尽管貌似且一直被标榜为客观，司法过程实际是一项主观性极强的活动。不仅证据的发现、认定以及证据链的建构具有主观性，对法律的理解和适用也是如此。更有甚者，法官的理解力、知识背景、意识形态乃至个人好恶，也可能成为影响判决的因素。只不过，在现代法律教义中，这些实际起作用的因素通常被有意无意地遮蔽，排除在外，即使被觉察，也不被承认，更不具有规范性。而在实践层面，司法过程借由一系列公开化的程序进行，判决依据业经颁布的法律和先例作出，法律推理受到检验。这些制度安排和实践，限制了法官的主观性，或者，换一种说法，实现了某种基于法律共同体的共识而为一般人所认可和接受的客观性。

如此说来，司法过程实际可能交织了明暗不同的两条线索。制度化、职业化和公开的理论和实践浮在表面，包括法官个人道德确信在内的更具日常生活性质的“非法律因素”则潜藏其下。在这起“虐猫案”判决中，后面这部分或隐或显，其中可能存在分歧，但这种分歧没有表面化，至少不在二审判决讨论范围之内。放在桌面上检视和讨论的，是程序、证据、法律推理和对相关法条的理解。对本案的处理，就在此两条线索的交互作用中确定。

因为展示了法律的这一柔性侧面，这桩“虐猫案”判决值得人们玩味再三。的确，法律不像看上去那么坚硬和确定，即使是高度专门化的法律也不能与生活绝缘。归根结底，法律是一项人的事业，人的活动，其中承载的尽是人的欲念、希望和追求。就因为有这种特性，法律无法与道德隔绝，也无法斩断与本民族历史、文化的联系。实际上，就像道德事业的扩展可以也应当吸纳传统一样，法律现代化不一定要以彻底摒弃传统为条件。相反，传统的维续、发展与创新，可能是发展一种更适应本土社会生活和更具活力的法律的前提。

《野生动物保护法》关键词
——对一个法律文本的透视

《中华人民共和国野生动物保护法》(以下简称《野保法》),计 5 章 42 条,1988 年制定通过,翌年实施。此后三度修订,其中,2004 年、2009 年两次修正均属微调,无关宏旨,唯 2013 年启动的修法动作最大,改动最多,且草案公布前后论争颇炽。2016 年 7 月 2 日,新修《野保法》(以下简称《新法》,修改前之法称《旧法》)于第十二届全国人大常委会第二十一次会议通过,仍为 5 章,条文则增加至 58 条。

俗谓立法乃妥协之产物,《野保法》自不能外。然而在现行立法体制之下,此一过程并不透明。尽管法律设有草案公布程序,借以收集公众意见，实质性的交涉却是在幕后进行，无待法律草案最终交付表决，则定局已成。反映于文本，则法条所自或不易知，语词所指义或未明。有设一条而暗伏机关者，有改一词而不变其义者。凡此种种，若不加辨识则不明其所以，更不知其所以然。因此，本文特由《野保法》及相关材料中拈出关键词若干，稍加阐明，唯篇幅所限，取词不求系统，但能揭示修法涉及的利益冲突、意见分歧，略存修法痕迹、揭明立法者用意所在即可。

野生动物　顾名思义，野生动物即传统上被认为出于野生的动物物种，与“家畜”相对。不过，《野保法》所要保护的，只是“珍贵、濒危的陆生、水生野生动物和有益的或者有重要经济、科学研究价值的陆生野生动物”（《旧法》第 2 条）。据此，有生态价值却不受该法保护的野生动物不在少数。2013 年“两会”期间，37 名全国人大代表联署提交“关于提请修改《中华人民共和国野生动物保护法》的议案”（以下简称《议案 2013》），直言《旧法》保护范围太狭，建议将该法保护的野生动物扩大至“各种生存于自然环境下的哺乳类动物、鸟类、爬行动物、两栖动物、鱼类、软体动物、腔肠动物、昆虫及其他种类的动物”。（“【修改建议】第 2 条”）这一表述未被采纳。《新法》第 2 条沿袭《旧法》句法结构，只是将“有益的或者有重要经济、科学研究价值的陆生野生动物”改为“有重要生态、科学、社会价值的陆生野生动物”。（参见“社会价值”和“三有保护动物”）

生物多样性　《新法》第 1 条规定：“为了保护野生动物，拯救珍贵、濒危野生动物，维护生物多样性和生态平衡，推进生态文明建设，制定本法。”其中，“维护生物多样性”系新增概念。此项增改源自《议案 2013》，其“【修改建议】第 1 条”案文为：“为保护野生动物，维护生物多样性及生态平衡，制定本法。”

生物多样性（biodiversity）系指一定时空内所有生物物种及其遗传变异和生态系统的复杂样态，其核心是包括动植物及微生物在内的物种的多样性。近数十年来，随着人类对自然以及人与自然关系认识的日益深化和复杂化，维护生物多样性对于人类永续生存的根本意义已成各国共识。1992 年通过并由多国签署的《生物多样性公约》便是这一共识的法律表达。此后，世界范围内自然保护事业的目标便从以往的珍稀濒危物种转到生物多样性上来。与这种转变相一致，许多国家的野保法合动、植物为一章，称野生动植物保护法。相比之下，中国《野保法》不仅未及植物，对野生动物定义亦过狭。修订后的法律将“维护生物多样性”写入其第 1 条，但并未据此扩大野生动物的保护范围，更未改变主导《旧法》的经济原则，故此项增改实质意义甚微。

野生动物及其栖息地野生动物栖息地保护为国际上野生动物保护的成功经验与通行作法，《议案 2013》力倡此道，其“【修改建议】第 4 条”建议将《旧法》第 6 条“各级政府应当加强对野生动物资源的管理，制定保护、发展和合理利用野生动物资源的规划和措施”，改为“各级政府应当加强对野生动物及其栖息地的保护和管理，制定保护、发展野生动物及其栖息地的规划和措施”。《新法》采用“野生动物及其栖息地”保护原则（第 5 条以下）当源于此。

可注意者，《旧法》虽无此概念，但规定“应当在国家和地方重点保护野生动物的主要生息繁衍的地区和水域，划定自然保护区，加强对国家和地方重点保护野生动物及其生存环境的保护管理”，（第 10 条）所言“自然保护区”略同于野生动物之“栖息地”。盖《新法》所称“野生动物栖息地”，即“指野生动物野外种群生息繁衍的重要区域”。（第 5 条）唯《新法》关于野生动物及其栖息地的规定远较《旧法》关于“自然保护区”的规定为详。又，《新法》另有“相关自然保护区域”概念，似指与野生动物栖息地相关之保护区域，然而其设定及保护又可以分别为之，此外又有“野生动物重要栖息地名录”之语，概念之间关系欠明，其保护机制及相关法律责任亦不够明确。

野生动物资源　“野生动物资源”系《野保法》核心概念。《旧法》第 1 条阐明的立法宗旨中就有“保护、发展和合理利用野生动物资源”一项；第 2 条指明须“遵守本法”的活动，也包括对野生动物的“驯养繁殖、开发利用”，法律上受保护的“野生动物”也据此确定；第 3 条宣布“野生动物资源”属国家所有，且“国家保护依法开发利用野生动物资源的单位和个人的合法权益”；第 4 条明定国家对野生动物的方针为“加强资源保护、积极驯养繁殖、合理开发利用”；第 5 条规定“公民有保护野生动物资源的义务”；而据第 6 条，“各级政府应当加强对野生动物资源的管理，制定保护、发展和合理利用野生动物资源的规划和措施”。显然，中国第一部野保法所关注的，实为野生动物资源的保护与利用。

视野生动物为一种经济资源并加以开发利用，这种观念和实践由来已久。然而在今天的历史条件下，以之为一部野生动物保护法的主旨和范围，既无科学依据，也缺乏伦理上的正当性，实践中更被证明与野生动物保护的目标相悖。《议案 2013》和 2015 年“两会”期间人大代表提出的补充议案（以下简称《补充议案》），以及来自动保组织、专家学者和社会公众的一系列修法建议，皆针对这一点，要求去除旧的野生动物资源观，限制、缩小进而禁止对受保护野生动物的商业利用，改变不合理的消费观念，从根本上改善野生动物的生存环境。缘此，列于《旧法》宗旨的“开发利用野生动物资源”一语遂成为批评焦点。《野保法》修订草案一审稿（以下简称《一审稿》）及二审稿（以下简称《二审稿》）均于第 1 条中保留“规范野生动物资源利用”字样，《新法》则删去此项（详见上引第 1 条）。“野生动物资源”一词仅见于《新法》第 3 条，以明其国家所属。与之相应，《新法》第 4 条也将国家对野生动物实行的方针，由“加强资源保护、积极驯养繁殖、合理开发利用”，改为“保护优先、规范利用、严格监管”。立法者因应上述批评及修法主张，淡化野生动物资源观念，调整政策表述，似乎表明其用力的方向已经改变。然而，综观全篇，细究法条，“开发利用野生动物资源”的敏感语词上的“让步”，或在人不经意处挽回，或由内容上的重新布局加以平衡。

相关活动 此语类法律中的“其他”，虽非专门概念或术语，但可指代法律不曾明言的诸多内容，从而增加法律运用的弹性和空间，令立法者无虑其思虑所不及，执法者不惮法条之不敷，故颇为立法者所喜。不过，《野保法》上的“相关活动”一词，除具有此种“兜底”效用之外，又特具所指。简言之，“相关活动”一词为

《新法》所增，凡二见，皆与《旧法》删改相对应。《新法》第 2 条第 1 款："在中华人民共和国领域及管辖的其他海域，从事野生动物保护及相关活动，适用本法。"《旧法》第 2 条第 1 款："在中华人民共和国境内从事野生动物的保护、驯养繁殖、开发利用活动，必须遵守本法。" 这里，《新法》的 "相关活动" 即《旧法》的 "驯养繁殖、开发利用活动"。又《新法》第 3 条第 2 款："国家保障依法从事野生动物科学研究、人工繁育等保护及相关活动的组织和个人的合法权益。"《旧法》同款："国家保护依法开发利用野生动物资源的单位和个人的合法权益。" 此处之 "相关活动" 即《旧法》之 "依法开发利用野生动物资源"。《旧法》所去，《新法》所取，一删一增之间正可以见出立法者用心的曲折。兜底技术的类此运用，又可参见其他特殊情况。

利用　"利用" 亦为《野保法》核心概念，《旧法》13 见，《新法》19 见。或云 "开发利用"，或云 "经营利用"，或标明 "合理利用"，或主张 "规范利用"（《野保法》第 4 条），主要指对野生动物的商业性利用。《新法》改 "合理" 为 "规范"，表面上有限制（利用）之意，其实是为既有及未来各种形式的 "利用" 提供法律保护。（参见 "药品" 诸条）

人工繁育　《野保法》上的人工繁育，指在人工条件下对野生动物的繁殖养育。《旧法》称 "驯养繁殖"，11 见，《新法》改称 "人工繁育"，22 见。涉及国家重点保护野生动物的人工繁育，《新法》设有种源及繁育条件方面的限制，与《旧法》之 "驯养繁殖" 漫无规定不同。然则，《旧法》将（对野生动物的）"驯养繁殖" 与 "保护”和“开发利用”诸活动并列(《旧法》第4条),《新法》则以(对野生动物的)“科学研究、人工繁育”并归为“保护”(活动)(《新法》第3条第2款),这两种做法均属不当。盖因《野保法》上的“保护”与“利用”系不同性质之活动,一为公益性的,一为商业性的,各有其目标。而驯养繁殖/人工繁育则纯为一技术手段,其目标可以是公益性的,也可以是商业性的。故逻辑上不可与“保护”与“利用”并列,性质上尤不可直接归入“保护”范畴。实际上,野保法所言“驯养繁殖/人工繁育”的重点乃是商业性利用,此意甚明。(参见“人工繁育许可证”和“人工繁育国家重点保护野生动物名录”两条)

社会价值 此语系《新法》所增。《新法》第2条第2款:“本法规定保护的野生动物,是指珍贵、濒危的陆生、水生野生动物和有重要生态、科学、社会价值的陆生野生动物。”野生动物具有生态和科学价值,其意显明,然而其“社会价值”何指则颇费思量。查《旧法》,同一条款写作“有益的或者有重要经济、科学研究价值的”。两相对照,则与“社会价值”相对应的范畴应属“经济价值”无疑。唯后者含义清楚,前者则否,且二者关系视乎语境而定。某种语境下,强调“社会价值”是对“经济价值”的抵制和抑制,换一个语境,则“社会价值”不过是“经济价值”的另一种说法。《新法》改用“社会价值”究属何种情形,似可根据实际的修法倾向并参照他处类似情形加以判断。(参见“相关活动”)

野生动物保护名录 依《野保法》,国家对野生动物实行分类分级保护,并据此制定相应名录。《旧法》规定之名录有三:“国家重点保护野生动物”（内分一、二两级，1988 年公布）、“地方重点保护野生动物”和“国家保护的有益的或者有重要经济、科学研究价值的陆生野生动物名录”。（2000 年公布，参见“三有保护动物”）《新法》在此基础之上增设名录三种：“野生动物重要栖息地名录”（参见“栖息地”）、“人工繁育国家重点保护野生动物名录”和“中华人民共和国缔结或者参加的国际公约禁止或者限制贸易的野生动物或者其制品名录”，（参见“国际公约”）其中，“人工繁育国家重点保护野生动物名录”之设最具实质意义。详下。

人工繁育许可证 《旧法》第 17 条：“国家鼓励驯养繁殖野生动物。驯养繁殖国家重点保护野生动物的，应当持有许可证。”《新法》第 25 条：“国家支持有关科学研究机构因物种保护目的人工繁育国家重点保护野生动物。前款规定以外的人工繁育国家重点保护野生动物实行许可制度。”由此二条款对照可知：（1）《旧法》称驯养繁殖，即《新法》所谓人工繁育；（2）人工繁育国家重点保护野生动物的许可制度源于《旧法》；（3）依《新法》，此制非关科学研究与物种保护，而是专为对国家重点保护野生动物的经营利用而设，此与《旧法》不分驯养繁殖目的、一体适用许可制度有别。

关于该项许可制度，国家林业部曾于 1991 年制定实施《国家重点保护野生动物驯养繁殖许可证管理办法》（以下简称《管理办法》），该办法于 2015 年 4 月 30 日由国家林业局修订颁行。新修《管理办法》计 13 条，其第 1 条规定：“为保护、发展和合理利用野生动物资源，加强野生动物驯养繁殖管理工作，维护野生动物驯养繁殖单位和个人的合法权益，根据《中华人民共和国野生动物保护法》第十七条，制定本办法。”《管理办法》最令人瞩目之处在其修订和公布的时间。《管理办法》修订之际，《野保法》修订之役正酣。作为“野生动物保护主管部门”，国家林业局对其事参与最深，了解亦多，故其不待修法完成，即依《旧法》修订《管理办法》并予颁行，未免令人讶异，何况当年两会期间由全国人大代表提出的《补充议案》明确要求，《野保法》修订完成之前，相关部门不得制定不利于野生动物保护和违反动物福利原则的规章和行政意见。从法律观点看，在《新法》生效之前依《旧法》修订和颁布下位法，本为徒劳无功之举。《管理办法》修订者必不至无知如此。知其不应而为之，既不合法理，也耐人寻味。

“人工繁育国家重点保护野生动物名录” 《新法》第 28 条第 1 款：“对人工繁育技术成熟稳定的国家重点保护野生动物，经科学论证，纳入国务院野生动物保护主管部门制定的人工繁育国家重点保护野生动物名录。对列入名录的野生动物及其制品，可以凭人工繁育许可证，按照省、自治区、直辖市人民政府野生动物保护主管部门核验的年度生产数量直接取得专用标识，凭专用标识出售和利用，保证可追溯。”将此条与上引第 25 条并观，可将此新设名录读作“可以合法经营利用的国家重点保护野生动物名录”。又据该条第 2 款，调整国家重点保护野生动物名录时，“根据有关野外种群保护情况，可以对前款规定的有关人工繁育技术成熟稳定野生动物的人工种群，不再列入国家重点保护野生动物名录，实行与野外种群不同的管理措施”。据此，法律创设了一个新的动物种群："人工种群"。该种群理论上可以包括所有野生动物物种（其范围取决于科技发展程度），同时却不属于传统"野生动物"范畴，因此不应受法律同等保护，而需另拟章程，别立名录。对于列入该名录的"人工种群"的"管理措施"，包括人工繁育许可制度、生产专用标识以及据此出售和利用该种群动物及其制品的可追溯制度，总之，一套仿照肉、蛋、乳制品等生产、加工、销售管理的现代质量控制体系。

《商业性经营利用驯养繁殖技术成熟的陆生野生动物名单》（以下简称《名单》）该《名单》由国家林业局 2003 年向社会公布（《关于发布商业性经营利用驯养繁殖技术成熟的梅花鹿等 54 种陆生野生动物名单的通知》林护发〔2003〕121 号），包括 9 种国家重点保护野生动物以及多种"三有保护动物"，分为皮草类（5 种）、药用食用类（31 种）、宠物（5 种）、观赏类（13 种），计 54 种陆生野生动物。考虑到早已存在且颇具规模的对诸如狮、虎（国家一级保护野生动物）和黑熊（国家二级保护野生动物）的驯养繁殖和经营利用，《名单》显然没有涵盖所有实际上被允许商业性经营利用的陆生野生动物种类。尽管如此，从《名单》公布后媒体报道的社会反响看，其超前的引导和示范作用依然显而易见。如有昆明媒体了解到，当时在昆明乃至云南全省范围内，饲养的特种经济动物只是 54 种陆生野生动物中的极少数。（参见《首批 54 种野生动物解禁》）而一份厦门媒体对食用野生动物的调查结果是："厦门各界反应冷淡"，当地林业局的态度是"不提倡上餐桌"，受调查的餐馆表示"不打算引进"，市民则持消极观望态度。（《54

种人工饲养野生动物可上餐桌》，载《东南早报》2004 年 10 月 23 日）又，“百度知道”一问：“珍稀动物都有哪些可以养殖？”其“最佳答案”是：“54 种可经营利用的野生动物，最赚钱。这是一个新的行当。”答案下附“可商业性经营利用的 54 种陆生野生动物名单”。（参见 http://zhidao.baidu.com/link?url=yHLo8Y6hB3_2Bt_yCqp9sXGwZ85-Eqw7EXSl_jWtFXzqZ2ncLShWwtn2WHnYD0e8f2XNHVYIkW3tI_A5Wt6tb36xWlskwmc7nixpTvIkhtG）

值得注意的是，制定和公布《名单》所依据的，是同年一份由包括林业、公安、检察、交通、海关等 12 个国务院部门联合制定的关于严禁违法猎捕和经营陆生野生动物的通知(《关于适应形势需要做好严禁违法猎捕和经营陆生野生动物工作的通知》林护发〔2003〕99 号。以下简称《通知》)。这份在来势汹汹的“非典”疫情仍未消退之际紧急推出的《通知》一方面要求“严格控制经营利用性猎捕”，“坚决禁止以食用为目的的猎捕”，并“严禁非法经营”；另一方面又要求“各级林业行政主管部门，要认真按照《野生动物保护法》的要求，本着积极扶持，规范管理，促进发展的原则，加强陆生野生动物驯养繁殖管理”。在这种思路下采取的各种措施，包括可商业性经营利用的野生动物名单的公布，的确大有益于对野生动物的开发利用，但在阻止非法猎捕、违法经营和走私野生动物及其制品方面收效甚微。相反，不断受到刺激和鼓励的欲望，以及日益扩大的野生动物消费市场，令有效的执法变得空前困难。

又据新修《野保法》第 30 条：“禁止生产、经营使用国家重点保护野生动物及其制品制作的食品。”《新法》既出，则《名单》所列国家重点保护野生动物即须移除，否则即属非法，除非这些野生动物“经科学论证”，被宣布为“人工繁育技术成熟稳定的国家重点保护野生动物”，并列入“人工繁育国家重点保护野生动物名录”。而这恐怕正是立法者创立“人工种群”并另立名录的用意所在。故二者看似对立不能相容，实际前后相承：前者称“名单”，后者称“名录”；“名单”以“驯养繁殖技术成熟”为基础，“名录”则以“人工繁育技术成熟稳定”为条件；过去之《名单》由国家林业局制定公布，将来之“名录”归“国务院野生动物保护主管部门制定”，仍由国家林业局主持其事。新旧相沿，实为“无缝对接”。（参见“人工繁育国家重点保护野生动物名录”及“食品”诸条）

“三有保护动物” 《旧法》第 2 条第 2 款谓：“本法规定保护的野生动物，是指珍贵、濒危的陆生、水生野生动物和有益的或者有重要经济、科学研究价值的陆生野生动物。”俗谓“三有保护动物”，即文中“有益的或者有重要经济、科学研究价值的陆生野生动物”的简称，又称“三有动物”。《新法》对应条款改为“有重要生态、科学、社会价值的陆生野生动物”，或可称为“新三有保护动物”，其中心考量仍然是经济的（参见“社会价值”）。2000 年，国务院野生动物行政主管部门主持制定了《国家保护的有益的或者有重要经济、科学研究价值的陆生野生动物名录》（以下简称《三有名录》），当年实施（国家林业局令第 7 号）。该名录包括兽纲、鸟纲、两栖纲、爬行纲、昆虫纲等，计 5 纲 46 目 177 科 1591 种以及昆虫 120 属各种和另外 110 种。实践中，大量经政府野生动物行政主管部门许可即可猎捕、制作、加工、售卖的受保护野生动物都出自这个范畴。有基层执法者说,“三有保护动物”是其“工作中接触最多、难度最大的物种”,因为“《野生动物保护法》只对国家重点保护的野生动物明确规定其在养殖环节办理驯养繁殖许可证;运输环节办理《运输证明》;进入市场销售时需经林业主管部门核定。但对‘三有’动物却没有明确的法律规定”。(参见 http://www.zybang.com/question/2f91f2e5359119a77b80f6e9a4cdb576.html)依《新法》,只要有“狩猎、进出口等合法来源证明”,“三有保护动物”即可被“出售、利用”(第 27 条)“运输”(第 33 条,加检疫证明)和作为食品原料“生产、经营”(第 30 条)。(参见“非国家重点保护野生动物”)

“非国家重点保护野生动物”　此系《野保法》上与“国家重点保护野生动物”相对的范畴(计九见),其保护等级、审批层级均低于前者,相应地,其使用(猎捕、运输、生产、出售、利用等)条件也较前者为宽松,违法之法律责任亦较轻(《新法》第 22 条、第 27 条、第 30 条、第 33 条、第 41 条、第 46 条、第 47 条和第 49 条)。

逻辑上,“非国家重点保护野生动物”应指“国家重点保护野生动物”以外所有受保护的野生动物,即包括《野保法》指明的另外两个范畴:“地方重点保护野生动物”和“三有保护动物”。(《旧法》第 9 条,《新法》第 10 条)不过,《野保法》又规定:“地方重点保护野生动物和其他非国家重点保护野生动物的管理办法”由省、自治区、直辖市人大制定(《旧法》第 30 条,《新法》第 41 条)。据此,则“非国家重点保护野生动物”的范围又成疑问。盖因“三有保护动物”虽非国家重点保护野生动物,但其名录系“由国务院野生动物保护主管部门组织科学评估后制定、调整并公布”，而不似“地方重点保护野生动物名录”由省级人民政府“制定、调整并公布”（第 10 条），故不应落入“其他非国家重点保护野生动物”范畴之内。而且，如果“其他非国家重点保护野生动物”指的就是“三有保护动物”，立法者何不直言其类，而以“其他”云云代之。尽管有此概念和分类上的含混，由“非国家重点保护野生动物”这一概念在《野保法》上的运用看，立法者的用意无非是要把“国家重点保护野生动物”之外的所有其他“野生动物”归为一个其重要性较低的类别，统一规范，以便于其利用，则推定《野保法》有关“非国家重点保护野生动物”的规定均适用于“三有保护动物”应当符合立法者意图。

其他特殊情况 《旧法》一见，《新法》二见，皆涉一般原则下的例外情况，而新、旧法条异同则颇耐人寻味。第一例涉及行为人申请特许猎捕证的情形。《旧法》第 16 条：“禁止猎捕、杀害国家重点保护野生动物。因科学研究、驯养繁殖、展览或者其他特殊情况，需要捕捉、捕捞（的）……”《新法》第 21 条：“禁止猎捕、杀害国家重点保护野生动物。”（第 1 款）“因科学研究、种群调控、疫源疫病监测或者其他特殊情况，需要猎捕（的）……”（第 2 款）在新、旧法，禁止猎捕、杀害国家重点保护野生动物皆为原则，许可则为例外。例外需要提供特殊理由，特殊理由之最有力者莫过于公共利益方面的考虑。《新法》保留“科学研究”，删去“驯养繁殖、展览”，代之以“种群调控、疫源疫病监测”，明确和强化了例外理由的公益性。循此思路，“或者其他特殊情况”应当都与公共利益有关。不过，修订后的《野保法》依然秉持野生动物资源利用原则，甚至以“规范利用”之名，将对野生动物的经营利用进一步扩大和加强，则“其他特殊情况”将包括已被删去的“驯养繁殖、展览”乃至更具商业性质的情形亦非不可能。

第二例涉及对利用国家重点野生动物的批准权限。《旧法》第22条：“禁止出售、收购国家重点保护野生动物或者其产品。因科学研究、驯养繁殖、展览等特殊情况，需要出售、收购、利用国家一级保护野生动物或者其产品的，必须经国务院野生动物行政主管部门或者其授权的单位批准；需要出售、收购、利用国家二级保护野生动物或者其产品的，必须经省、自治区、直辖市政府野生动物行政主管部门或者其授权的单位批准。”《新法》第27条改为：“禁止出售、购买、利用国家重点保护野生动物及其制品。因科学研究、人工繁育、公众展示展演、文物保护或者其他特殊情况，需要出售、购买、利用国家重点保护野生动物及其制品的，应当经省、自治区、直辖市人民政府野生动物保护主管部门批准……”与前例一样，法律禁止出售、购买、利用国家重点保护野生动物，以利用为例外，但是比较《旧法》，《新法》以列举方式明示的例外情况更多，所采用的句式也更加开放，不说“等特殊情况”，改用“或者其他特殊情况”，有将列举各项变为一般事项之效。实际上，现有出售、购买、利用国家重点保护野生动物及其制品的情形并不限于列举诸项，且《野保法》不改“合理利用”之旨，野生动物保护主管部门辄以引导、推动和保护对野生动物的开发利用为己任，利用实为惯常之例而非特殊情况。又，对于出售、购买、利用国家重点保护野生动物的审批权限,《旧法》根据保护等级规定为国务院及省/自治区/直辖市两级,《新法》则不分等级，一概归之于省、自治区、直辖市人民政府野生动物保护主管部门，以利此类活动，也是将“特殊情况”进一步常态化、一般化了。《新法》在其列举的“特殊情况”中加入“公众展示展演”等项（详下），亦可表明此种努力。

公众展示展演　此语为《新法》所创，凡二见。《新法》之“公众展示展演”（第27条）系由《旧法》之“展览”（第22条）发展而来，当无疑义（详上条引律），唯其变化因由未经说明。考诸词义，“展示”之义较近“展览”，“展演”与“展示”并列，则非同义重复，当另有所指，疑指动物表演类活动［国家林业局《国家重点保护野生动物驯养繁殖许可证管理办法》的“征求意见稿”（2013年）中就将“马戏表演”列为驯养繁殖活动的一个类别］。立法者以“展示”“展演”连用，意在表明两种活动同属一类，且同具正当性，恐有夹带蒙混之嫌。住房和城乡建设部所颁《全国动物园发展纲要》（2013年）第二部分第二节“着力提高动物饲养管理与动物园展示水平”明白要求“杜绝各类动物表演”。同样针对野生动物管理，动物园实行的政策是“严禁动物表演”,（附件六）且视之为提高“展示水平”的一项重要内容。可见“展示”与“展演”非但不同，还可能不相容。事实上，野生动物的展示和展演是一个颇具争议性的问题。20世纪90年代以来，主要在传统的公立动物园系统之外，商业性的野生动物展示与展演活动采取各种形式，甚为流行，不但造成对大量野生动物的伤害，也带来各种不良社会后果，故而引起公众广泛的不安和抗议。《新法》改“展览”为“展示展演”，若按上述理解，便是对此类野生动物利用活动的肯定性回应，而在“展示展演”之前冠以“公众”二字，且以之与“科学研究”和被不恰当地归入“保护活动”的“人工繁育”（参见“人工繁育”）并列，则颇有混淆公益活动与商业活动之效。营利性的商业活动通常面向“公众”，但其性质并非公共的，更非公益的。

文物保护 其义不详，列于“展示展演”之后，同为《新法》所创制。既云“文物”，当非野生动物活体，或与标本制作有关。然而，正如“人工繁育”和“展示”可以是公益性的，也可以是商业性的一样，野生动物标本制作也可以具有不同目的和性质。而在实践中，这三种活动，除了公立动物园的野生动物展示，主要都是商业性的。

药品经营和利用 “药品”一词入《野保法》自《新法》始。《新法》第 29 条：“利用野生动物及其制品的，应当以人工繁育种群为主，有利于野外种群养护，符合生态文明建设的要求，尊重社会公德，遵守法律法规和国家有关规定。”（第 1 款）“野生动物及其制品作为药品经营和利用的，还应当遵守有关药品管理的法律法规。”（第 2 款）该条包含信息颇丰，由显而隐，可作三层观。

首先，在新增“生态文明建设的要求”和“社会公德”两项语义抽象的规范之外，“野生动物及其制品作为药品经营和利用”被首次、也是以肯定方式写入《野保法》。其次，此条可读出若干重要信息：其一，野生动物及其制品的利用将不限于人工繁育种群；其二，“野生动物及其制品作为药品经营和利用的”另有法律法规。换言之，涉及此一活动领域，野生动物“保护”之责已由《野保法》转归同保护野生动物无关的“有关药品管理的法律法规”。以此之故，第 29 条甫出，即被媒体解读为“《新法》为野生动物入药留出了法律通道”（尤指恢复已被禁止的虎骨入药。《野生动物保护法修订：给虎骨、熊胆入药留通道》，载《京华时报》2016 年 7 月 3 日）；“给归真堂这样的企业带来希望：在保护的基础上，合理利用野生动物资源”（尤指《新法》为该企业上市扫清障碍。《还原熊胆之争》，载《经济观察报》2016 年 8 月 26 日）。最后一层，也是最可见出立法者心思的，是第 29 条的结构。从立法技术角度看，《野保法》之用语、概念、条款等颇多可议之处，然而其甚者或无过于第 29 条。该条第 1 款规定“利用野生动物及其制品”应当遵守的各项规范，具一般性质，宜入“总则”，而非置于题为“野生动物管理”之第三章。不仅如此，第 2 款直接规定“野生动物及其制品作为药品经营和利用”的情形，以特殊规定与一般条款并为一条，殊为不协，且后种情形“应当遵守有关药品管理的法律法规”，纯为赘语，盖其义已在前款规定之中（“利用野生动物及其制品的，应当……遵守法律法规和国家有关规定”）。最令人瞠目的是“还应当”三字，似乎“有关药品管理的法律法规”不在前款所说的“法律法规”之内，或者“野生动物及其制品作为药品经营和利用”的情形与其他经营利用活动不同，须受超出前款规定的特殊规制。

食品　“食品”写入《野保法》亦自《新法》始。该法第 30 条规定了涉及“食品”的三种情况：“禁止生产、经营使用国家重点保护野生动物及其制品制作的食品，或者使用没有合法来源证明的非国家重点保护野生动物及其制品制作的食品。”（第 1 款）“禁止为食用非法购买国家重点保护的野生动物及其制品。”（第 2 款）

该条款概念混乱，语义含混。第 3 款“禁止为食用非法购买”云云，似针对消费者而言，实则非是。盖因“食用”之对象当为“食品”，而非“野生动物及其制品”。依前款，后者只是“制作”食品之原料。因此，若该款确系针对消费者，依前款表述则应写作（比如）：“禁止食用和购买使用国家重点保护的野生动物及其制品制作的食品。”再者，该款针对之行为乃是“购买”，而非“食用”，“购买”之对象乃是“野生动物及其制品”，而非“食品”，故其主体当为“食品”之生产经营者，而非消费者。《新法》第 49 条规定对这种行为处以“责令停止违法行为，没收野生动物及其制品和违法所得”等，针对的显然也是生产经营者，而不是消费者。然则，依此理解，则“食用”二字实在是不知所谓，该款内容也无须单立，而应当并入前款。法律对食用国家保护野生动物之行为应当予以禁止和处罚，此种呼吁由来已久。2014 年，全国人大常委会就《刑法》第 341 条做出立法解释，明确将“知道或者应当知道是国家重点保护的珍贵、濒危野生动物及其制品，为食用或者其他目的而非法购买”的行为，置于该条第 1 款规定的“非法收购国家重点保护的珍贵、濒危野生动物及其制品”的罪名之下，便是对这一呼吁的积极回应。相比之下，新修《野保法》之食品条款仅涉生产、经营诸环节，不及消费，也未能与上述刑法的立法解释紧密衔接。

此外，“禁止为食用非法购买”一语，若其中“非法”一词并非赘语，则暗示另有“（为食用）购买国家重点保护的野生动物及其制品”的合法途径。这种解读明显与前款明示的禁止规定相矛盾，却并非不可能。事实是，关于“食品”的这一条款并不一般禁止生产经营用国家保护野生动物及其制品制作的食品，相反，该条默示：只要有“合法来源证明”，“非国家重点保护野生动物及其制品”可作食品之用。而在实践中，允许“生产、经营使用国家重点保护野生动物及其制品制作的食品”的也不乏其例。国家林业局 2003 年公布的允许商业性经营利用之野生动物名单，国家一级保护野生动物梅花鹿、非洲鸵鸟、尼罗鳄、湾鳄、暹罗鳄，二级保护野生动物马鹿、大美洲鸵、虎纹蛙即赫然在药用食用之列。（参见《商业性经营利用驯养繁殖技术成熟的陆生野生动物名单》）总之，该条禁止性规定看似确凿，实则含混，其中埋藏漏洞；其默示部分虽未明言，却坚实不可抹杀。

野生动物保护主管部门《新法》称“野生动物保护主管部门”（《新法》第 6 条以下，凡 42 见），即《旧法》所谓“野生动物行政主管部门”（《旧法》第 9 条以下），在《旧法》为“林业、渔业行政主管部门”（《旧法》第 7 条），《新法》则为“林业、渔业主管部门”（《新法》第 7 条）。两相对照，《新法》去“行政”而增“保护”，名称有变，事则仍归“林业、渔业”两部门，机构及权属均无改变。

以林业和农业两部门为野生动物保护主管部门，乃承袭旧有体制，其特点是以经济为旨归，言保护以便利用。传统所谓农林牧副渔，皆为经济的行业与部门，如今依然。既为经济部门，以野生动物为经济资源而谋开发利用之法，自属当然。而以野生动物保护之责系于其下，自然也不能超乎经济原则之外。1988年《野保法》所创设的便是这样一种体制。在此体制之下，经营利用野生动物及其制品诸行业获得极大发展，野生动物的生存境况却持续恶化。2013年修法之议就是针对这种情形提出的。关于体制问题，《议案2013》认为应建立野生动物保护的统一机构，并增设有野生动物保护专家、伦理学者和民间动物保护人士参加的咨询机构。2015年的《补充议案》同样强调统一管理，更建议将野生动植物保护之责划归环境保护部承担。《新法》对此未加回应，仍维持旧体制。

国际公约　《旧法》第40条："中华人民共和国缔结或者参加的与保护野生动物有关的国际条约与本法有不同规定的，适用国际条约的规定，但中华人民共和国声明保留的条款除外。"《新法》无此条。

中国加入的国际公约，与野生动物保护关系最直接者当为《濒危野生动植物种国际贸易公约》。加入该公约（1980年，翌年生效）对中国野生动物保护制度的建立亦有影响。1993年，国务院曾发布通知，禁止犀牛角和虎骨贸易（《国务院关于禁止犀牛角和虎骨贸易的通知》），即是履行该公约所载义务。不过，在《新法》通过后的新闻发布会上，负责《野保法》修订的立法官员表示，虎骨入药禁令应当重新考虑，似有意恢复旧时情形。

《新法》提及国际公约的条款是第35条，该条规定中国缔结或者参加的国际公约所禁止或限制贸易的野生动物或其制品的名录，由国家濒危物种进出口管理机构（国家林业局所属机构）制定和公布。且列入该名录的野生动物，经国务院野生动物保护主管部门核准，在本法适用范围内可以按照国家重点保护的野生动物管理。如此，则国际公约不复具有适用上的优先性。

陆生野生动物保护实施条例 全称为《中华人民共和国陆生野生动物保护实施条例》(以下简称《条例》)，1992 年经国务院批准，林业部发布，为《野保法》最重要的配套法规，对于推动中国野生动物的开发利用贡献尤大，故颇受野生动物保护人士诟病。2011 年前后，开始有全国人大代表和政协委员陆续提出议案和提案，希望先行修改《条例》，然未获回应。《条例》曾有两次小的技术性修订，其最新修订于 2016 年 2 月发布，通篇《旧法》言辞。尽管《条例》的这次修订不似前述《管理办法》那样涉及全篇，其于《新法》颁布前夕修订和公布的做法却同样令人费解，也同样意味深长。

本文取《野保法》关键词若干略加分析，虽未及全部，却足以表明，此次《野保法》修订，其启动之力与修法之旨不尽一致。前者的目标是要在加强和完善野生动物保护机制的同时，改变传统的野生动物资源观，限制、缩小并(在有些场合)逐步取消现有对野生动物的商业性利用，从根本上改善野生动物的生存环境。后者则秉持“利用有益于保护”之旧说，继续坚持“积极扶持，规范管理，促进发展的原则”，在“规范利用”的口号下，不但在法律上承认已有的各种野生动物经营利用活动，而且为它们将来更大范围和更大规模的发展提供法律保障。这种不一致造成了新修《野保法》的矛盾性格：一方面，《新法》采用了诸如“生物多样性”和“栖息地保护”等新概念，并刻意回避“野生动物资源”和“经济价值”一类旧语词，另一方面，它又通过改用“社会价值”“相关活动”等概念，保留了全部旧内容；一方面，它重申对伤害和利用国家重点保护野生动物的一系列禁令，另一方面，它又通过设定各种“特殊情况”，甚至另辟所谓“人工种群”，把对野生动物的各种利用扩大化和常态化了；一方面，“野生动物行政主管部门”改成了“野生动物保护主管部门”，另一方面，将野生动物保护之责划归某个经济部门的旧体制仍一成而不变；一方面，它对野生动物保护像是提出了更多要求，另一方面，它在开发利用尤其是商业性利用野生动物方面继续向前迈进，而维持二者平衡的，只是“合法”与“非法”之间那条含混而脆弱的界线。因为这一系列内在矛盾，新修《野保法》对野生动物保护事业究竟能够发挥怎样的作用，将面临现实的检验和考验。

作者附记：

2018年10月26日，全国人大常委会对《野保法》作出5项修改并予通过。此次修改未涉本文评论内容，故本文不予置评。

再版后记

《法律后面的故事》初版于2015年，后曾重印。此次收入《作品集》，书名不变，篇目则略有调整，期以与《作品集》其他各册相协。《法庭观摩记》一文已收入《高研院的四季》，兹删去，以免重复，另增入晚近完成的《法律的信和信仰》、《有法与无法》及《〈野生动物保护法〉关键词——对一个法律文本的透视》三篇，冀以充实题旨。

2016年12月雾霾中

京西忘言庐

图书在版编目(CIP)数据

法律后面的故事 / 梁治平著. -- 2版. -- 北京：
法律出版社, 2020
ISBN 978-7-5197-3864-8

Ⅰ. ①法… Ⅱ. ①梁… Ⅲ. ①法律-通俗读物 Ⅳ.
①D9-49

中国版本图书馆CIP数据核字(2019)第203394号

法律后面的故事（第二版）
FALÜ HOUMIAN DE GUSHI（DI-ER BAN）
梁治平 著

策划编辑 高 山
责任编辑 高 山 邓颖君
装帧设计 汪奇峰
本书作者小像作者 莽 萍
本书题图作者 梁治平

开本 A5
版本 2020年3月第2版
出版 法律出版社
总发行 中国法律图书有限公司
印刷 中煤（北京）印务有限公司

印张 7 **字数** 138千
印次 2020年3月第1次印刷
编辑统筹 学术·对外出版分社
经销 新华书店
责任印制 陶 松

法律出版社/北京市丰台区莲花池西里7号(100073)
网址/www.lawpress.com.cn
投稿邮箱/info@lawpress.com.cn 销售热线/400-660-8393
举报维权邮箱/jbwq@lawpress.com.cn 咨询电话/010-63939796

中国法律图书有限公司/北京市丰台区莲花池西里7号(100073)
全国各地中法图分、子公司销售电话：
统一销售客服/400-660-8393/6393
第一法律书店/010-83938432/8433 西安分公司/029-85330678 重庆分公司/023-67453036
上海分公司/021-62071639/1636 深圳分公司/0755-83072995

书号： ISBN 978-7-5197-3864-8 **定价：** 59.00元
(如有缺页或倒装，中国法律图书有限公司负责退换)

天 Borderless 下